今天你创新了吗
——TRIZ创新小故事

江帆　黎斯杰　编著

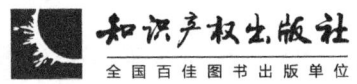

图书在版编目（CIP）数据

今天你创新了吗：TRIZ 创新小故事 / 江帆，黎斯杰编著. —北京：知识产权出版社，2017.12（2022.1 重印）

ISBN 978-7-5130-4889-7

Ⅰ.①今… Ⅱ.①江…②黎… Ⅲ.①创造学—青少年读物 Ⅳ.①G305-49

中国版本图书馆 CIP 数据核字（2017）第 103795 号

内容简介

本书旨在面向青少年及发明爱好者普及创新方法，以小发明爱好者"尹问特"的创新之旅介绍萃智（TRIZ）理论的基本知识，包括创新思维方法、技术进化方法、发明技巧40计、冲突、冲突矩阵、冲突问题求解方法、物-场分析方法、科学效应库方法等。书中结合成语或俗语来描述发明原理，同时给出了大量实例故事，以便青少年能够快速理解和应用TRIZ理论的各种创新方法，激发兴趣，提升能力。

本书适合中小学的学生和大学低年级学生阅读，也可供相关技术人员培训或自学使用。

责任编辑：张雪梅	责任校对：王 岩
封面设计：刘 伟	责任出版：刘译文

今天你创新了吗——TRIZ创新小故事

江帆　黎斯杰　编著

出版发行	知识产权出版社有限责任公司	网　　址	http://www.ipph.cn
社　　址	北京市海淀区气象路50号院	邮　　编	100081
责编电话	010-82000860 转 8171	责编邮箱	410746564@qq.com
发行电话	010-82000860 转 8101/8102	发行传真	010-82005070/82000893
印　　刷	北京九州迅驰传媒文化有限公司	经　　销	各大网上书店、新华书店及相关专业书店
开　　本	720 mm×960 mm　1/16	印　　张	13.25
版　　次	2017年10月第1版	印　　次	2022年1月第6次印刷
字　　数	200千字	定　　价	59.00元
ISBN 978-7-5130-4889-7			

出版权专有　侵权必究

如有印装质量问题，本社负责调换。

前　言

在日新月异的现代社会，创新被认为是一件很重要的事情，人们也经常将创新挂在嘴边，但创新是什么、如何去创新，也许还需要进一步研习。

创新是以新思维、新发明和新描述为特征的一种概念化过程。创新是人类特有的认识能力和实践能力，是人类主观能动性的高级表现形式，是推动民族进步和社会发展的不竭动力。创新的重要性使得人们都要着力提高创新能力，而通过学习创新技法，能够快速提升创新能力，因而推广普及创新技法对于提升人们的创新能力有着重要的意义。

21世纪，人类社会已经进入知识经济时代，需要具有创新能力的人才，而创新能力的培养是一项长期的系统工程。培养适应新时代发展需要并具有创新能力的高素质人才，必须从小抓起，重视学生创新意识、创新精神的培养。创新需要理论支持，而萃智（TRIZ）正是这样一个关于创新方法及流程的理论。它能有效地打破人们的思维惯性，使创新工作取得事半功倍的效果，值得青少年掌握进而用其解决问题。正是出于培养创新能力的初衷，本书以小发明爱好者"尹问特"的TRIZ应用创新之旅介绍创新方法TRIZ理论的内容及其应用方法，激发青少年学习创新方法TRIZ理论的兴趣，着力提升青少年的创新能力。

青少年的特点是创造力强、吸收力强，但知识面窄，这使得他们还无法使用严密的逻辑方法梳理清楚尚且处于混沌状态的思维。鉴于此，面向青少年传授TRIZ方法的思路应该是通过类似讲故事、漫画或者游戏的方式，帮助他们厘清思路，拓展想象空间，培养观察事物和分析问题的能力,并进一步提高利用创新工具求解复杂问题的能力,为今后的创新工作打下坚实的基础。

本书根据青少年的学习和思维特点,探索创新方法的传授技巧,简化TRIZ的技术创新方法,并且考虑青少年认知水平与创新胜任力,通过身边实例、故事情节、图片说明等方式,将本书主人公——小发明爱好者"尹问特"在日常生活中应用创新思维、创新工具解决问题的实例融入TRIZ理论应用方法,编成实例故事,并辅以简单的图片说明,力求培养青少年的创新思维与分析能力。

本书由江帆、黎斯杰共同编著,部分图片和案例引自相关文献,在此对相关作者表示衷心感谢。

本书的出版得到了广州市科技创新委员会科普计划资助项目(2013KP042)、广东省科技计划项目(2014A070711023)的资助,得到了广州大学科技处、机械与电气工程学院的支持,在此一并致以深深的谢意。

TRIZ家族比较庞大,限于作者认识水平,本书难免有不足之处,恳请读者给予指正。如果对本书有意见或者有创新想法需要一些技术支持,或有TRIZ应用方面的问题,可发邮件(Email:jiangfan2008@126.com)交流。

目　录

旅程一　初始 TRIZ 1
 1. 什么是 TRIZ 1
 2. TRIZ 从哪里来 1
 3. TRIZ 理论中的常用概念 1

旅程二　打开思维的阀门 3
 1. 九宫格——填格找想法 3
 2. 变换尺寸或资源、时间与成本，收获不一样的思路 6
 3. 逮着"小金鱼"了 8
 4. 和"小矮人"一起转换思路 10
 5. 寻求理想解的思路 12
 6. 这些思维工具该如何选用 13

旅程三　正在进化的解决方案 17
 1. 都全了吗 18
 2. 能省掉传递环节吗 20
 3. 部件协调吗 22
 4. 能再理想些吗 24
 5. 变成可动的或可调整的 25
 6. 不要一碗水端平 27
 7. 微型化 28
 8. 升级为超系统 29

9. S 曲线 30

旅程四　发明技巧 40 计 33

1. 化整为零 33
2. 披沙捡金 35
3. 天方地圆 37
4. 以偏概全 39
5. 珠联璧合 40
6. 一专多能 42
7. 层出不穷 44
8. 分庭抗礼 45
9. 先发制人 47
10. 有备无患 48
11. 防患未然 50
12. 平起平坐 51
13. 倒行逆施 53
14. 毁方投圆 55
15. 一静不如一动 57
16. 多退少补 59
17. 山不转水转 61
18. 撼天动地 64
19. 周而复始 66
20. 马不停蹄 68
21. 快刀斩乱麻 69
22. 废物利用 71
23. 察言观色 72

24. 穿针引线 74

25. 自动自发 75

26. 以假乱真 77

27. 改头换面 79

28. 李代桃僵 81

29. 水涨船高 83

30. 薄如蝉翼 84

31. 无孔不入 85

32. 五光十色 87

33. 物以类聚 89

34. 自生自灭 90

35. 随机应变 92

36. 沧海桑田 94

37. 热胀冷缩 95

38. 推波助澜 96

39. 孟母三迁 99

40. 相辅相成 101

41. 发明技巧回顾 102

旅程五　怎么对待冲突 **105**

1. 什么是冲突 105

2. 冲突的种类有哪些 106

3. 如何找冲突的双方 109

4. 冲突矩阵 110

5. 冲突如何求解 112

6. 冲突问题求解总流程 127

旅程六　复杂的问题如何分析 **129**
 1. 物–场模型 129
 2. 一般解法 133
 3. 可以借鉴的标准解 143

旅程七　照葫芦画瓢 **147**
 1. 看看有哪些可以参考的葫芦 147
 2. 按图索骥 153
 3. 实例故事 154

后记　回顾下旅程，准备再出发 **161**

参考文献 **163**

附录 A　39 个通用工程参数 **167**

附录 B　76 个标准解系统 **171**

附录 C　30 个 How To 模型与 100 个科学效应对照表 **189**

附录 D　经典冲突矩阵表 **193**

旅程一 初始 TRIZ

嗨，大家好！让我们随尹问特开始TRIZ之旅吧。也许大家首先需要了解什么是TRIZ。

1. 什么是 TRIZ

TRIZ理论是苏联科学家、发明家根里奇·阿奇舒勒（1926—1998）在20世纪中叶创建的，直译为"发明问题解决理论"，为非常规而巧妙地解决发明问题提供了可能性。1991年以前，TRIZ是苏联的绝密技术；1992年，随着苏联解体，很多TRIZ专家移居西欧和北美，使得TRIZ开始外传，并迅速走向世界，现已广泛应用于各个工程领域。

2. TRIZ 从哪里来

TRIZ理论是阿奇舒勒等对数以万计的专利文献进行研究、整理和归纳，抽取了大量发明中应用的规律，进而建立起的一套以巧妙地解决发明问题为主要目的的理论体系和实用方法。目前，TRIZ已经成为全球流行的创新方法，在很多行业及企业中都有应用，并取得了很好的成效。例如，三星公司应用TRIZ理论取得了显著的经济效益，2004年三星实施了70多个TRIZ项目，还通过研发项目产生了100多件专利，带来了约6500万美元的经济效益。我国也在积极推广TRIZ理论，每年都有很多项目推出了创新方法专项，多用于支持研究与推广TRIZ理论。

3. TRIZ 理论中的常用概念

我们先看看几个TRIZ理论中常用的概念。

系统：为实现特定的功能而构成的相互关联的一个集合体或装置。
子系统：系统中各组成部分或更低层次的系统。
超系统：系统之外的更高层次的系统。

看看图1-1中的卷笔刀。卷笔刀是当前系统，刀片、固定螺钉是其子系统，而文具是其超系统。

（a）刀片、螺钉（子系统）　　（b）卷笔刀（系统）　　（c）文具（超系统）

图1-1　卷笔刀的系统、子系统、超系统

同样，我们来看下自行车。自行车是当前系统，车轮、车架、座垫等是其子系统，而交通工具是其超系统（图1-2）。

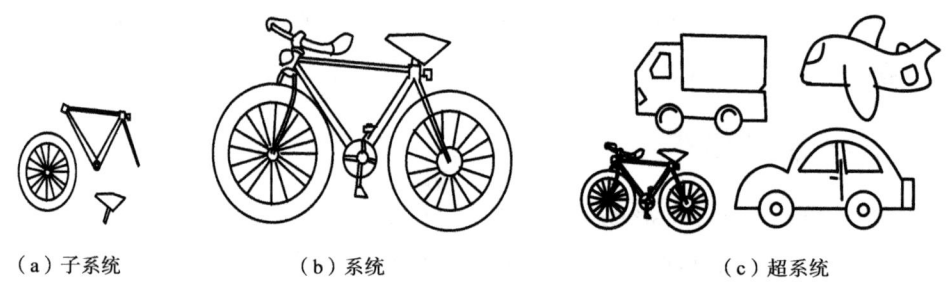

（a）子系统　　　　　（b）系统　　　　　　（c）超系统

图1-2　自行车的系统、子系统、超系统

明白了系统、子系统、超系统的概念后，我们来看看"资源"的概念。资源这个词使用广泛，通常是指天然资源、财务资源、人力资源等。在TRIZ理论中，非常注重资源分析，解决问题要尽量使用易得的、廉价的资源，如空间、时间、物质、场、功能、信息等，要善于从系统、子系统、超系统中寻求值得利用的资源。

好啦，了解了这些知识，后面让我们看看应用TRIZ理论求解各个问题的工具吧！

旅程二 打开思维的阀门

大家好，我们首先来看看TRIZ理论的"创新思维工具"一家，看看这家都有哪些创新思维工具。哇，有九宫格法、金鱼法、小矮人法、STC法、最终理想解法5个工具。我们在解决问题时经常会碰到不知如何打开思路的情况，这下好了，看看这些创新工具如何帮助我们打开思维的阀门。

1. 九宫格——填格找想法

九宫格法，也称多屏幕法，是TRIZ创新思维工具之一，这个方法引导我们从系统、子系统、超系统及其过去、现在、将来的九个方向打开思维的阀门。

如何使用这个方法呢？很简单，按照图2-1中的顺序填写九宫格就可以了。首先，明确当前系统，填写序号为1的空格；接着，找当前系统的子系统和超系统，填写序号为2、3的空格；然后，思考当前系统的过去与未来，填写序号为4、5的空格；再寻找子系统的过去与未来，填写序号为6、7的空格；最后，分析超系统的过去与未来，填写序号为8、9的空格。这个填空过程就是九宫格法引导我们发散思维的过程。

实例故事：

天气热了，尹问特看到电风扇的叶片虽然有隔罩挡住，还是有打伤手指的危险，就想改进电风扇，如何入手呢？他决定用九宫格法试试。于是，他选择电风扇为当前系统，叶片为其子系统，通风系统为其超系统。然后他分析电风扇的过去为手摇扇，未来为空调；接着尹问特找到了叶片与通风系统的过去与未来，叶片的过去为金属片、未来为无叶片，通风系

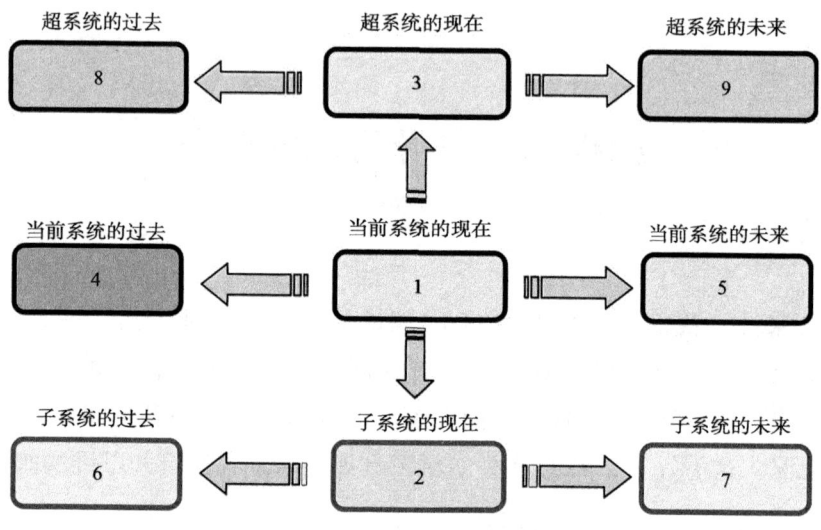

图2-1 九宫格的填写顺序

统的过去为自然通风、未来为智能通风。尹问特经过这一番分析,就完成了九宫格的填写,如图2-2所示。大家看到,这个九宫格快速打开了尹问特的思维,协助他找到解决方案。尹问特检查了九宫格,认为发展无叶片电风扇是一个好思路,可以解决现有叶片电风扇可能打伤手指的问题。于是,他上网研习无叶风扇原理,自己设计了一台无叶风扇,将内部电动机倒置,使得内置叶片旋转产生的风也对电动机散热,如图2-3所示。

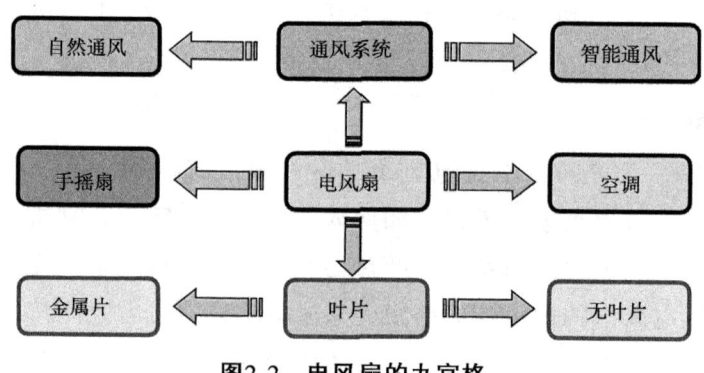

图2-2 电风扇的九宫格

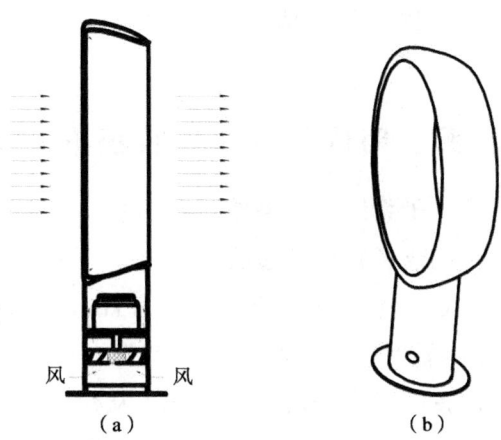

图2-3 无叶风扇

尹问特还碰到书本经常卷角的问题，他也尝试使用九宫格方法发散思维，寻求解决方法，如图2-4所示。尹问特利用九宫格这个方法分析出书本卷角的原因——书本纸张由于正反面受力不同而卷起，书本在书包中被别的学习用具弄卷曲，找到原因后，可以通过将书包皮、分格来解决这些问题。

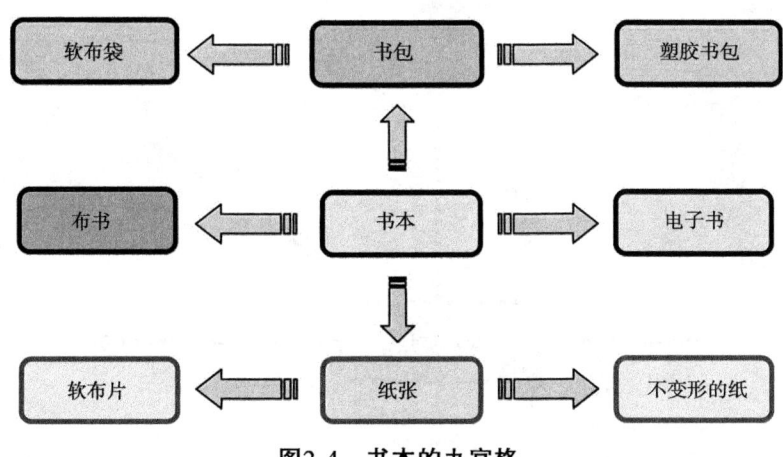

图2-4 书本的九宫格

看了上面的步骤和两个实例故事，应该学会如何使用九宫格了吧？九宫格帮助我们从9个方面打开思维，有时可以直接帮助我们解决问题，有时无法直接解决问题，但提示我们从这9个方面扩展思维，寻求可以利用的资源。

2. 变换尺寸或资源、时间与成本，收获不一样的思路

九宫格是从系统、子系统、超系统及其过去、现在、未来发散思维，但有时不好确定超系统或者它们的过去、未来。下面介绍一种更简单的扩散思维的方法——STC（S为Size，尺寸；T为Time，时间；C为Cost，成本）算子法。这三个参数是分析产品常用的参数。

这个方法就是将我们思维的对象（系统）从尺寸、时间、成本三方面扩大和缩小。我们来看图2-5，先将思考的对象变大尺寸（可以变到无穷大），看看能怎样。再将思考的对象缩小尺寸（可以变到零），看看变成什么样子。同样，将思考对象的作用时间或运动速度逐渐扩大至无穷大，看看会发生什么变化。也可将思考对象的作用时间或运动速度逐渐缩小至零，看情况又会如何。最后将思考对象的成本增大至无穷大，看看会出现什么情况。将思考对象的成本减少到零，看看又会发生哪些变化。这样可以从尺寸、时间、成本3个参数趋于零和无穷大两个方向的变化得到6种扩展思维的结果。

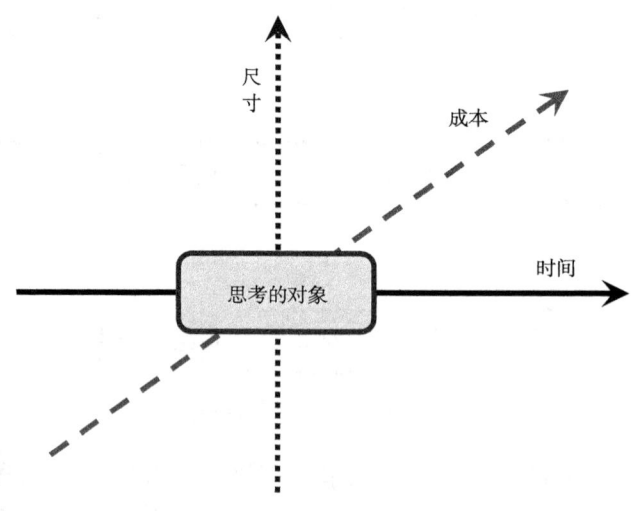

图2-5　STC算子法思考方向

实例故事：

尹问特遇到烦恼了，就是三角板放在文具盒中太占空间了。是否可以设计一个新型的三角板，用的时候是三角形，而放在文具盒内不占太大空间？不妨用STC算子法试试。如图2-6所示，他以三角板的尺寸为思考对象。首先，考虑将三角板缩小，如缩小可以做成折叠三角板，而将三角板扩大就变成三角盒了；然后，从三角板的制造时间方向思考，增加制造时间就可以打造精美的礼品三角板，而减少制造时间就只能制作比较粗糙的简易三角板；最后，从三角板的成本变化方向思考，增加成本，可以用铝合金打造一款耐用的三角板，减少成本，可以用废纸板做一个简易的三角板。通过利用STC算子法对三角板的改进展开发散思维和分析，可以找到一个思路：当三角板缩小尺寸时，可以通过折叠来实现。于是，尹问特根据这个思路设计了一款可折叠的三角板，如图2-7所示。

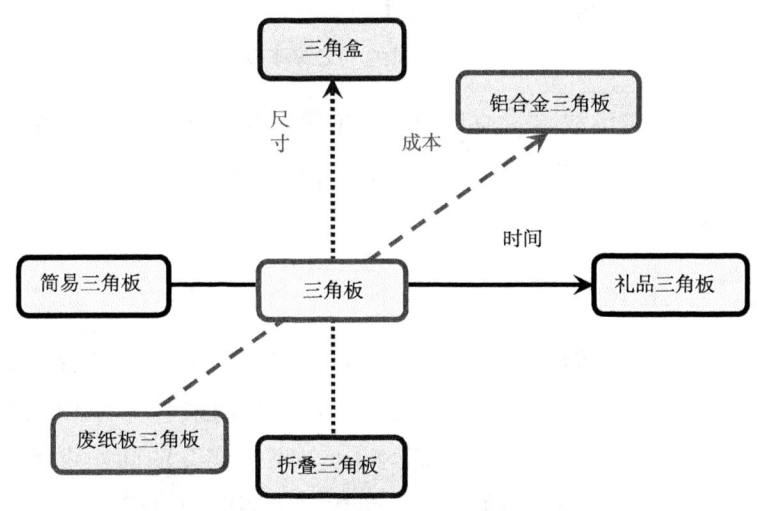

图2-6 三角板的STC算子法

尹问特也对钢笔进行了STC算子的思维扩展，得到如图2-8所示的启示，这些启示给出了钢笔新产品开发的方向。

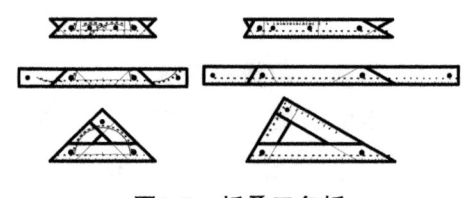

图2-7　折叠三角板

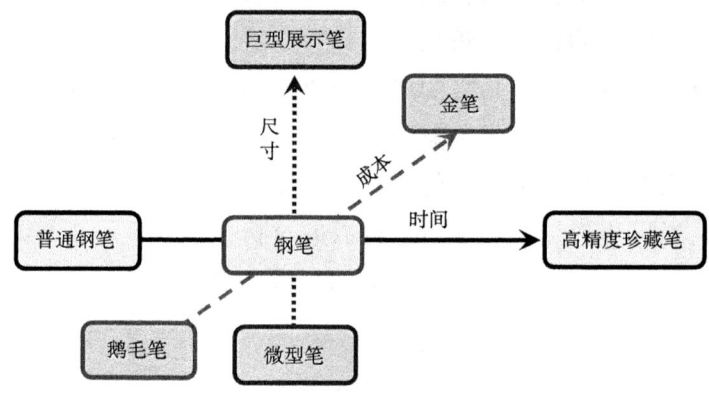

图2-8　钢笔的STC算子法

通过上面的实例故事,应该熟悉STC算子法了吧?这个方法提示我们对尺寸、时间、成本3个参数扩大或缩小,得到6个启示方案,为我们创新提供了多种思路。

3. 逮着"小金鱼"了

日常生活中,我们对一些问题有一些"异想天开"的求解方案,如何将这些"异想天开"的想法变成现实呢?哈,我们来看看TRIZ创新思维工具之金鱼法。金鱼法就是将"幻想"的、"不现实"的问题求解思路变成可行的解决方案。图2-9给出了应用金鱼法解决问题的过程。

实例故事:

尹问特在课桌上放了很多书(图2-10),想把笔筒也放在课桌上,但桌面面积实在有限,他想解决这个问题,应用金鱼法也许会有一个全新的思路。

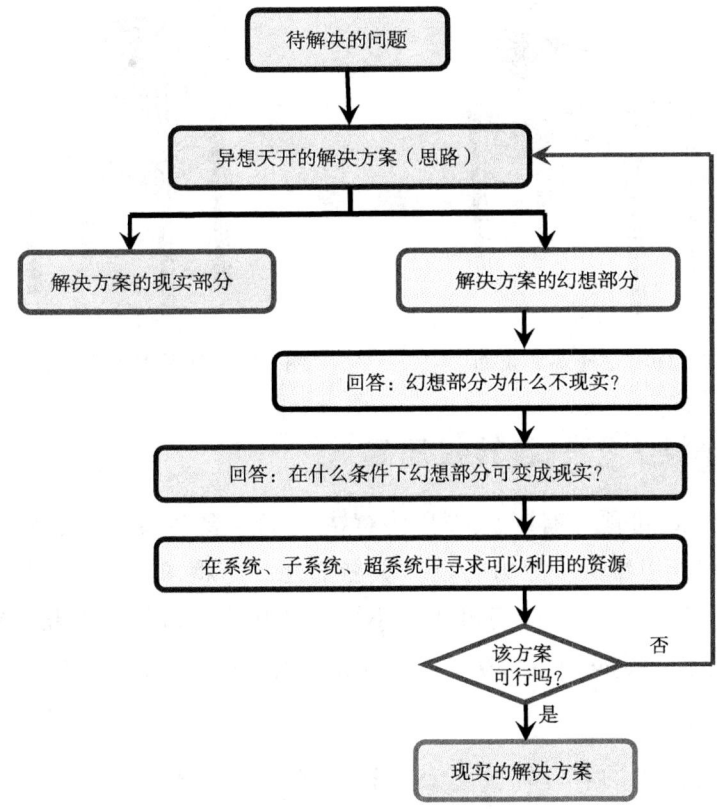

图2-9　应用金鱼法解决问题的过程

解决这个问题，就是要将笔筒放在桌面上，而不挤占放书的面积，这是一个"幻想解决方案"。找到这个幻想方案的现实部分是"笔筒放在桌面上"，不现实部分是"笔筒不挤占桌面放书的面积"，因为桌面的面积有限，放了书，就没有地方放笔筒了。在什么情况可以将这个"不现实"的部分变为现实呢？尹问特仔细想了想，只需向立体空间发展就行了，于是他设计了一个双边连接书夹，在上面的平面开一个圆孔，将笔筒放在孔中（图2-11），这样笔筒就有地方放了，且位置固定，不易翻倒，也不挤占桌面的平面面积。

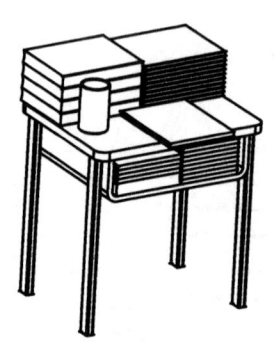 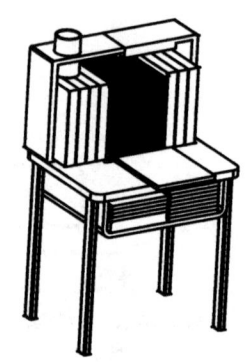

图2-10　普通课桌桌面　　　　图2-11　加装书架支板的课桌桌面

4. 和"小矮人"一起转换思路

我们遇到问题，有时无法直接解决，就需要转换一下思路，"小矮人"法是转换思维的一个好方法。其核心思想是将求解对象或技术系统想象成一群一群的小矮人，通过改变小矮人的功能、位置、形状等获得所需的功能，进而得到问题的解决方案。图2-12所示是小矮人法求解的流程。

实例故事：

尹问特家里的客厅需要重新粉刷，笨重的实木沙发需要移来移去，而这个沙发要三四个人才能抬动，移动比较困难。怎样才能解决这个问题呢？尹问特想到了小矮人法。

首先，找到求解对象（笨重的实木沙发，见图2-13）无法实现方便移动的组件——沙发腿[图2-14（a）]，将沙发腿看成一群小矮人组成的小矮人模型，建立小矮人模型[图2-14（b）]，改变个别小矮人的功能，将底部的小矮人变成圆形[图2-14（c）]，根据这个启示就构想出了带轮子的沙发腿[图2-14（d）]，这样就方便移动沙发了。如果要继续解决沙发有时需要移动、有时不需移动的功能切换问题，可以继续改进图2-14（c）所示的小矮人模型，将圆形小矮人上面的那个小矮人功能变换，使之具有铰接功能，这样就能在不用移动沙发时将轮子折叠，方形沙发腿直接着地，这个沙发就不易被移动了，如图2-14（e）所示。

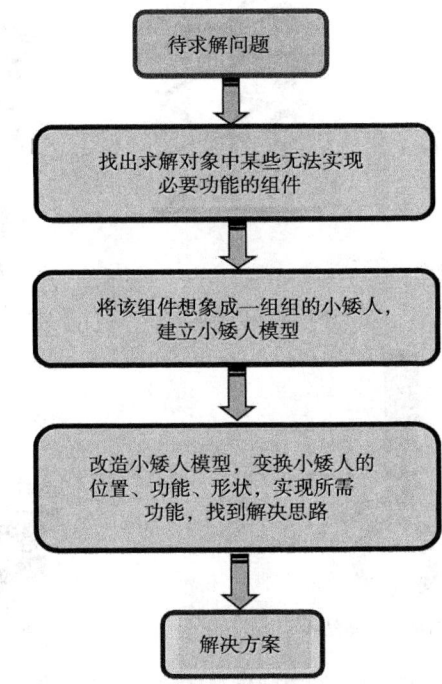

图2-12　小矮人法求解流程

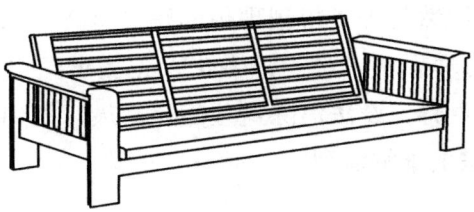

图2-13　实木沙发

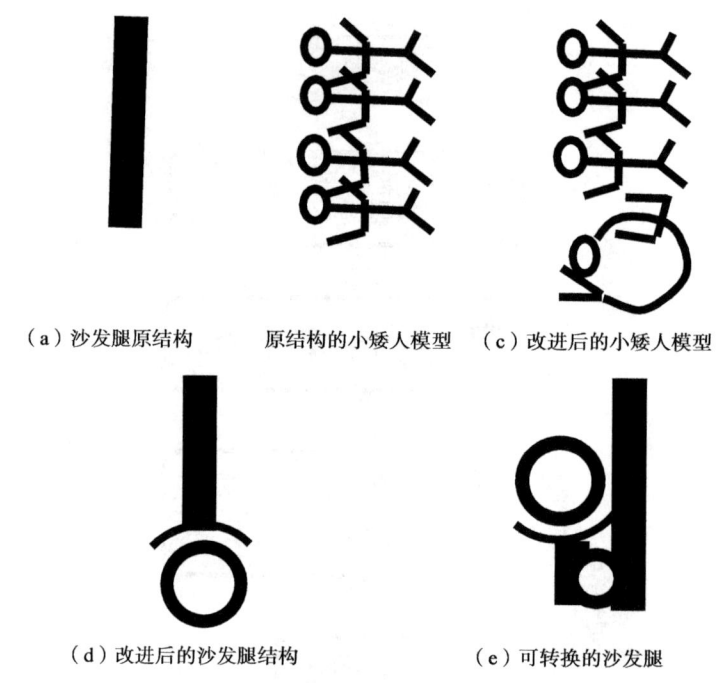

图2-14 沙发腿创意的小矮人法实施过程

5. 寻求理想解的思路

拓展创新思维当然是为了得到理想的解决思路,如何寻求理想解呢?我们来看看TRIZ的理想解方法。该方法首先提出理想的解决方案,而后找到实现理想解的障碍,设法消除这些障碍,最后得到理想的解决思路。图2-15是理想解方法的求解流程。

实例故事:

尹问特的父母工作调动,要从城东的小区搬到城南的小区,他们一家请来搬家公司把家具、电器等搬上大卡车,准备开往城南。由于装车时考虑不周全,在出小区门时碰到了问题,卡车上堆积的3个大型柜子上沿高度超过小区门前的限高杆大概3cm,该如何解决这个问题呢?尹问特想用理想解方法试一试。

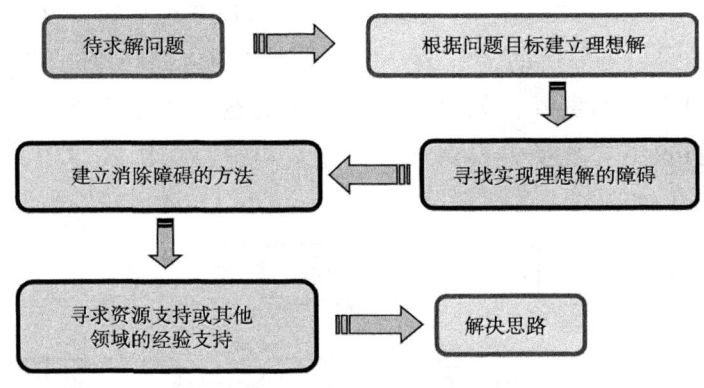

图2-15 理想解方法的求解流程

先建立这个问题的理想解：不搬动车上的物品，而能够通过限高杆。实现这个理想解的障碍：限高杆不能被破坏，车上的物品不必重新装车。建立消除这些障碍的思路：将车上物品整体降低一点或者将限高杆升高一点。经过分析，发现可以使用的资源是汽车轮胎，将汽车轮胎的气放一点，物品整体高度就会下降，这样就可以通过限高杆了（图2-16）。尹问特利用TRIZ理想解方法解决了这个问题，得到了父母和搬家公司工作人员的赞扬。

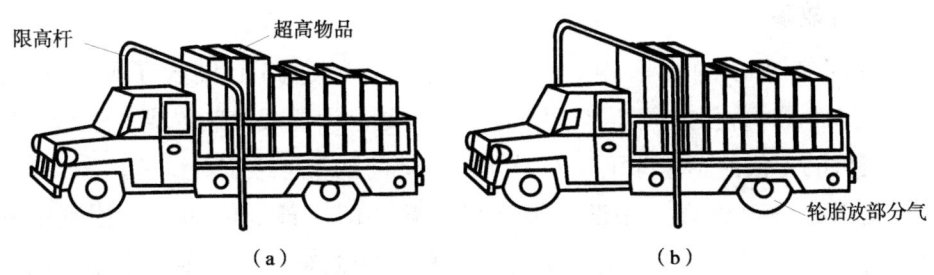

图2-16 卡车上超高物品通过限高杆

6. 这些思维工具该如何选用

前面介绍了TRIZ理论的5个创新思维工具，可以帮助我们打开思维的阀门。也许有朋友会问："该如何选择呢？"针对这个问题，一些有经验的TRIZ专家已经达成了一个共识：先采用最终理想解方法，针对实现理想解的障碍，可以借助金鱼法分析，或者通过九宫格法、STC算子法寻求可以解决问题的资源；如果某个部件不能达到功能要求，可以利用小矮人法进行重组与变换，得到解决方案。可以参考图2-17中的流程进行选择。

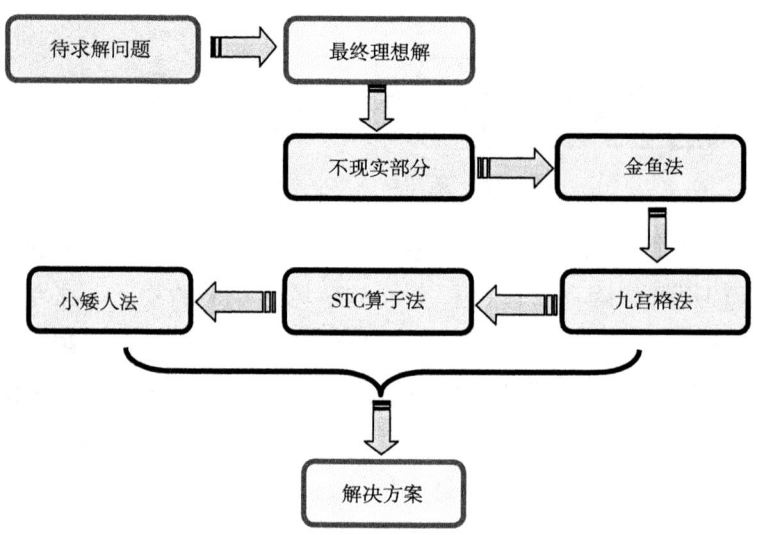

图2-17 创新思维方法选择流程

实例故事：

尹问特所住的小区内，为了居民安全，道路上设置了限速标记［图2-18（a）］，但效果还是不明显，而在路上设置减速装置成本较高，是否有廉价的方法使车速降下来？尹问特想借助创新思维工具试试。

先用最终理想解方法设定最终理想解，即用最低廉的方法让汽车减速。这个理想解中包含幻想部分：限速标记降低车速。实现这个幻想的障碍：普通的限速标记很难使全部司机降低车速。要克服这个障碍，可以考虑采用九宫格法进行发散思维，从限速标记的本身、子系统、超系统以及它们的过去、未来发散思维，这样可以对各种限速方式进行思考。设想在地面上绘制有立体图案的线条，使司机产生有路障的错觉，从而主动降低车速，如图2-18（b）所示。尹问特向小区管理部门提出了这个建议，在小区一些道路上涂上了有立体感的斑马线,没想到限速效果还不错,成本也比安装限速块要低很多。

(a)限速标记

(b)3D效果斑马线

图2-18　限速方式的改进

旅程三　正在进化的解决方案

嗨！尹问特已经开始新的旅程了，这段旅程先要让大家明白技术跟达尔文的生物进化论类似，也是不断进化的。来让我们看看车辆的进化过程吧，如图3-1所示，从这些图也许会明白技术进化的现象吧。古代的人们一开始采用拖的方式运输货物［图3-1（a）］，之后用圆木，感觉阻力小很多［图3-1（b）］，经过一段时间，将圆木设法固定，出现了车的形式［图3-2（c）］，随后出现马车［图3-1（d）］、蒸汽车［图3-1（e）］。1886年，德国工程师卡尔•奔驰发明了现代汽车［内燃机车，如图3-1（f）所示］，之后进行传动系统改进［图3-1（g）］、车体改进［为了遮风挡雨和改进空气动力学性能，如图3-1（h）~（k）所示］，直到现在的样子［图3-1（l）］，未来还会向智能驾驶、新能源方向发展。除了车辆，还有很多技术的发展过程也体现了技术是不断进化的，因此了解技术进化的规律对创新也是很有帮助的。

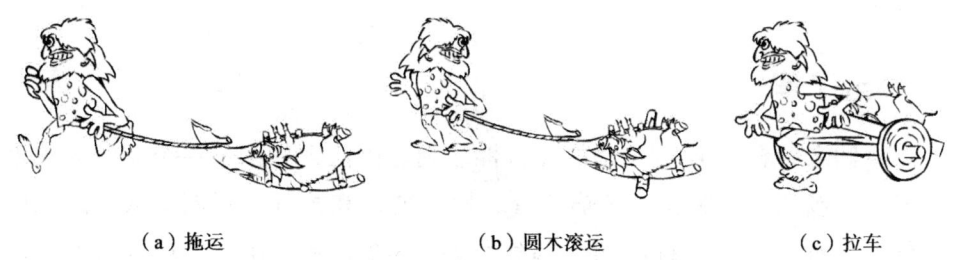

（a）拖运　　　　　　（b）圆木滚运　　　　　　（c）拉车

图3-1　车辆的进化

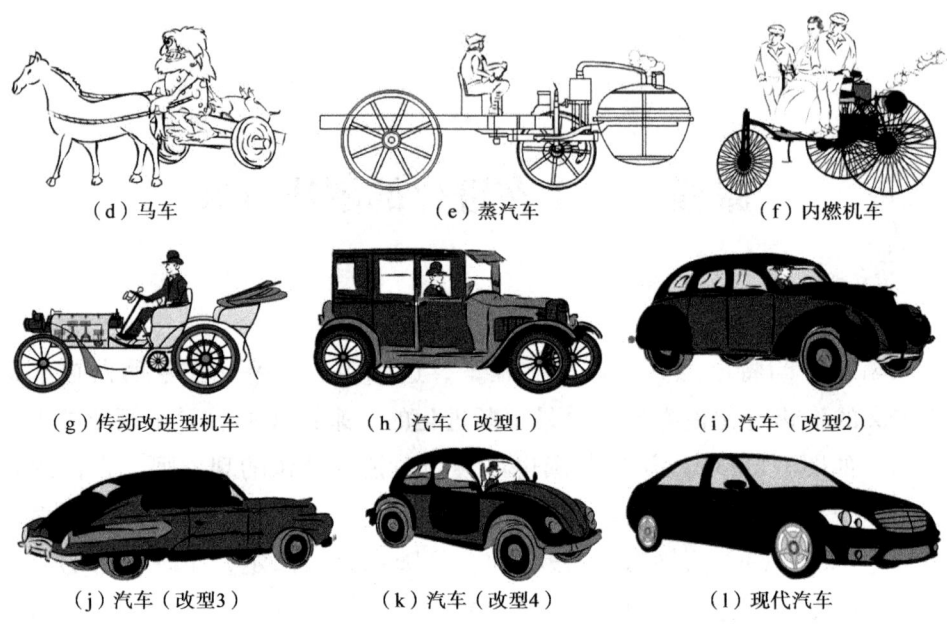

图3-1 车辆的进化（续）

在这个旅程中着重向大家介绍TRIZ理论的技术进化工具。这个技术进化工具主要靠一些进化法则帮助我们解决问题。经典的八大技术进化法则包括完备性法则、能量传递法则、协调性法则、提高理想度法则、动态性进化法则、子系统不均衡进化法则、向微观级进化法则、向超系统跃迁法则。哈哈，这些法则有些听起来好像比较难懂，没关系，下面一一介绍，大家就会明白。

1. 都全了吗

我们来看看TRIZ理论中的完备性法则。该法则指出：一个完整的技术系统必须包含动力装置、传输装置、执行装置和控制装置四个部分。先以汽车为例看看技术系统的四个部分，如图3-2所示。我们日常生活中的许多机械、电子产品都有这四个部分，如相机、飞机、电梯等。这个法则给我们以下启示：①当技术系统中这些部分不齐全时，补全是一个改进的思路，如缺少动力装置，就增加动力装置以形成新产品。像自行车增加发动机，就进化成摩托车了；玩具跑车加上遥控装置，就进化成遥控玩具跑车了。②技术系统完善的方向是尽可能减少人的参与，如数控加工中心就完全自主地加工零件，加工过程中不需要人参与。

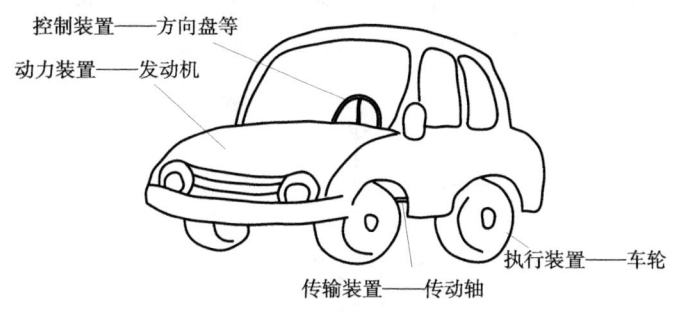

图3-2　汽车系统

现代技术并不止这四部分，还包括辅助系统、支撑系统等，通过补全这些系统，技术系统功能更完善，更能满足使用者的要求。这些产品的子系统交替换代的过程会使产品升级换代。

实例故事：

尹问特又想创新了。他看到阳台上的花每天需要人工用洒水桶装水浇水，比较辛苦。他分析了这个系统，动力由人输出，如果增加一个动力装置，用一个小水泵将水缸内的水输送到花盆，就能减轻人的劳动量了。想到这个方案后，他开始实施，建立了一个自动浇花的输水系统，如图3-3所示，包括水箱、电动水泵、控制器、水管，满足了完备性法则。从这个故事看到，使用完备性法则时，先要根据完备性找出缺少的部分，而后补全这个部分，就会产生新的创意或解决思路。

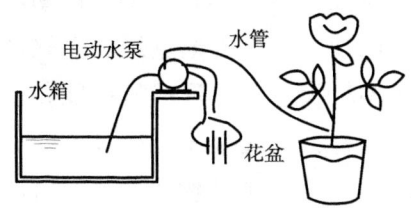

图3-3　自动浇花的输水系统

尝到应用完备性法则的甜头，尹问特想起了他以前做的简易驱逐舰模型，只有一个控制开关，用起来极不方便。由完备性法则得知，对系统的某一部分加以改进，即对该简易驱逐舰模型的控制系统加以改进，会使产品进化。于是他开始改造，购置了一套遥控器组件，加装在原来的驱逐舰模型上，试了试，发现效果还不错，如图3-4所示。

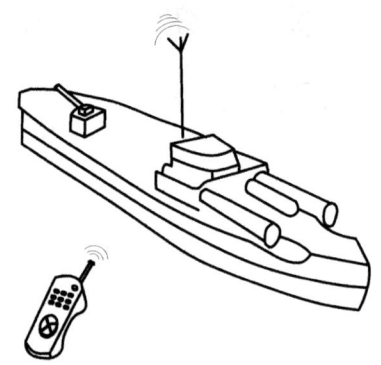

图3-4　遥控的驱逐舰模型

2. 能省掉传递环节吗

能量传递法则是指技术系统中的能量能够从动力源流向技术系统的所有部分，如果技术系统中的能量传输不通畅，就会导致技术系统无法正常工作。能量传递可以通过物质媒介（如皮带、链条、轴、齿轮等），也可以通过场媒介（如磁场、电场、引力场、化学场等）或物-场媒介（如带电粒子流等）。如图3-5所示，汽车发展进程中，能量传递情况在不断变化。蒸汽汽车时代，煤的化学能经过燃烧产生热能，由蒸汽形成压力能，再推动活塞做功，形成机械能，驱动车轮运动，能量利用率较低，仅有10%左右；内燃汽车时代，汽油的化学能通过燃烧直接产生压力能推动活塞运动，再通过曲柄滑块机构转换转动，形成机械能，推动车轮转动，能量利用率相对较高，达40%左右；电气时代，通过电能直接驱动电动机，转换为机械能，驱动车轮转动，能量利用率很高，达80%左右。从图3-5中就可以很直观地得到一个结论：减少能量形式的转换，能够有效地提高能量的利用率。

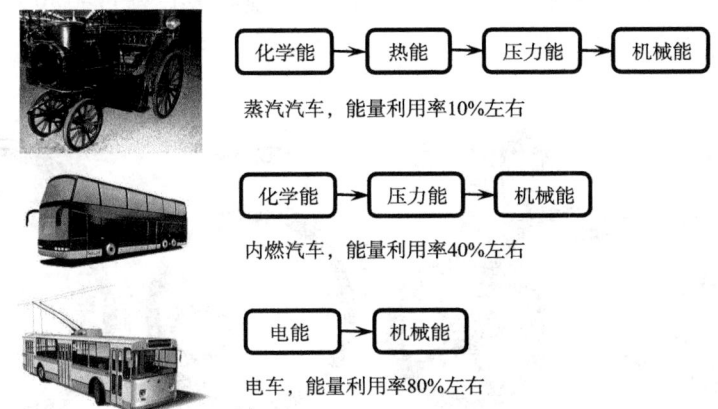

图3-5　汽车发展进程中的能量传递形式

这个进化法则给我们以下启示：①简化能量传递的路径，可以使技术系统得到改进；②宜采用可控性好的能量系统及传递方式；③能量传递方式尽量向"场"进化。

实例故事：

尹问特的自行车总是掉链，而且他觉得链传动的能量利用率不高，就想改进传动方式。尹问特通过查阅资料，发现轴传动不会出现掉链的问题，而且轴传动的能量利用效率要高一些，于是参考互联网上的资料，设计了一辆轴传动的自行车，如图3-6所示。

（a）全车　　　　　　　　　　　　（b）轴细部

图3-6　轴传动的自行车

尹问特进一步对自行车传动加以改进。如果直接驱动车轮是否能提高能量利用率呢？他继续查找资料和案例，发现有人设计过一些直接驱动的自行车，如图3-7所示。

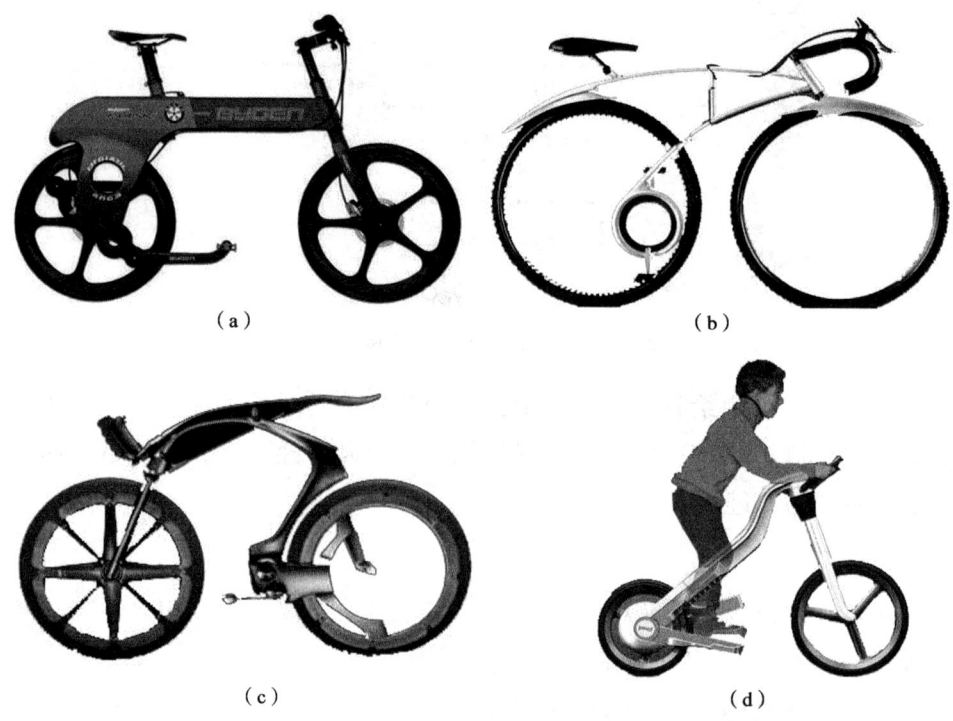

图3-7　直接驱动的自行车

上面的实例故事让我们对能量传递法则有了新的理解，就是优化机器或装置、机构的传动系统，能够提高能量利用率，这也是能量传递法则另外一个应用思路。

3. 部件协调吗

产品系统需要各子系统、各参数及系统参数与超系统参数相互协调，这样产品系统才能实现所需的功能。由此得到协调性法则，该法则指明技术系统向着各子系统相互协调、与超系统相互协调的方向发展。

协调性法则给我们的启示：①产品系统在结构（几何尺寸、质量、形状等）上应协调，如图3-8（a）所示的大型车辆后轮要承受大的载荷，就设计成并排两个车轮，前轮负责转向，需要一定的灵活性，就只装一个车轮，这样保证了结构的协调性；②产品系统的各性能参数（载荷、功率、电压、电流等）应协调，如车辆发动机的功率、车体结构参数应与载重量一致；③产品系统的执行动作之间应协调（各动作的先后顺序、速度等），如图3-8（b）所示的冲压机床的进料、夹紧、冲压、出料等有一个协调的动作顺序，不然就会出现故障或事故。

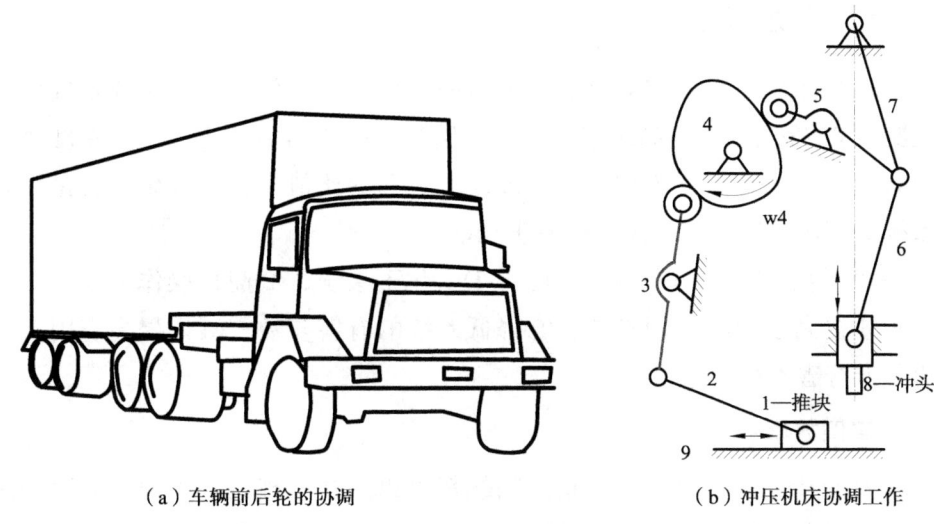

（a）车辆前后轮的协调　　　　　　（b）冲压机床协调工作

图3-8　协调性法则

实例故事：

尹问特学习了协调性法则后，发现原来设计的一些作品出现问题的原因了。如图3-9（a）所示，他设计的遥控跑车在比赛中总是不符合预想，该车的前轮比较宽，后轮比较窄，转弯时不灵活，也跑不快。对照协调性法则，后轮是驱动轮，需要得到更大的摩擦力，因而要有较宽的车轮，以获得较大的接触面积，增加摩擦力；而前轮的作用是转向，不需要较大的摩擦力，故用较窄的车轮才能获得较好的效果。受协调性法则的启示，他改进了前后轮的结构，使跑车的结构协调优化，取得了较好的效果。

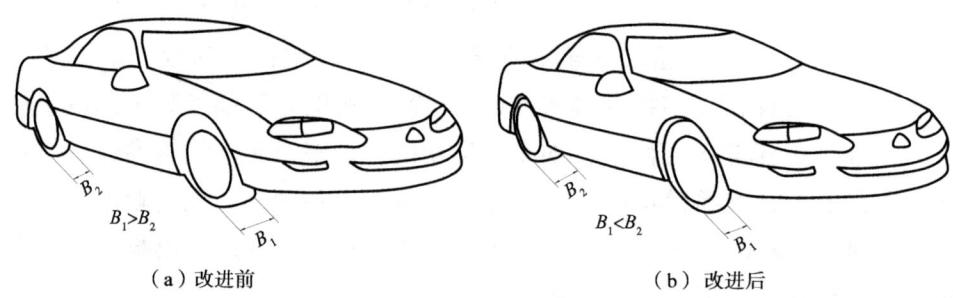

（a）改进前　　　　　　　　　（b）改进后

图3-9　跑车结构进化

4. 能再理想些吗

产品系统始终是向着理想化的方向发展的，如何使产品系统更理想化些呢？TRIZ理论的提高理想度法则会给我们指明努力的方向。理想度描述为有用功能总和与有害功能总和及成本总和的比值。提高理想度就是提高系统的有用功能，降低系统的有害功能。

可以从以下方面提高理想度：①简化子系统；②简化操作；③简化组件；④提高系统的有用参数；⑤降低系统的有害参数；⑥边提高有用参数边降低有害参数。

实例故事：

尹问特发现自己碰到的很多问题都可以用提高理想度法则来求解。例如，他每次洗澡时从沐浴露瓶子［图3-10（a）］取液要用两只手，一只手压取液器，另一只手接住沐浴露，比较麻烦，是否可以更理想些，用一只手完成呢？他开始按照简化操作的路线思考用什么样的结构才能保证一只手完成取液操作。后来他想到在取液器主杆上加一个横杆，如图3-10（b）所示，这样就可以用一只手完成取液操作了。

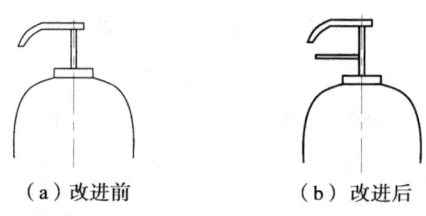

（a）改进前　　　　（b）改进后

图3-10　沐浴露瓶子的改进

尹问特通过提高理想度法则的学习发现增加产品的功能也可以提高理想度，如增加榔头的功能就可以提高榔头的理想度，如图3-11所示。

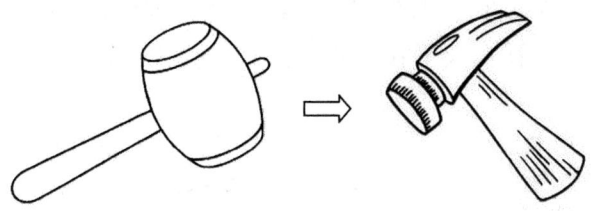

图3-11　榔头的改进

5. 变成可动的或可调整的

相对于不变的、固定的结构，将产品变成可调整的、可动的结构，无疑可以给我们更多选择。TRIZ理论中有一个进化法则是动态性进化法则，该法则指出，技术系统向着结构柔性、可移动性、可控性好的方向发展，以适应环境状况或执行方式的变化。

这个法则给我们启示，通过以下三条可以优化产品性能：①提高系统的柔性或适应性；②提高系统的可移动性；③提高系统的可控性。

实例故事：

尹问特有一个台灯，如图3-12（a）所示，灯杆是刚性的，灯泡的位置不能调整，每次要移动整个台灯调整灯的位置，且灯泡的上下位置不能调整，非常不方便。尹问特根据"提高系统柔性"的路线，将灯杆做成柔性的，如图3-12（b）所示，这样灯泡的位置可以很方便地调整。

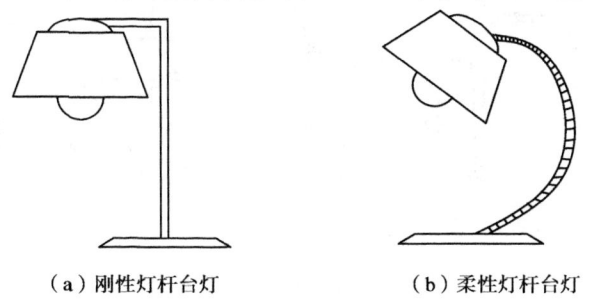

（a）刚性灯杆台灯　　　　　　（b）柔性灯杆台灯

图3-12　台灯的改进

尹问特看到家里的衣架都是固定的,如图3-13(a)所示,不方便调整和携带,他想改进为能够根据衣服大小调整且便于携带的衣架。同样,根据"提高系统的柔性"路线,将衣架设计成可折叠、可伸缩的结构,如图3-13(b)所示,就实现了衣架能调整、便携的目标。

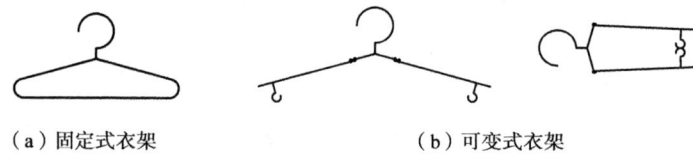

(a)固定式衣架　　　　　　(b)可变式衣架

图3-13　衣架的改进

尹问特也看到很多应用动态性进化法则的实例,如桌子和椅子的脚加上轮子,行李箱的底部加轮子,如图3-14所示,就方便移动了,提高了"可移动性"。同样,房车就是一个可以移动的房子,如图3-15所示。从路灯、照相机的进化过程可以看到"提高系统的可控性"的影子,如图3-16所示汽车门闸也是系统可控性进化的例子。图3-16(a)所示是手动汽车门闸;图3-16(b)所示是电动门闸;控制室的工作人员关闭开关可以控制门闸;图3-16(c)所示是刷卡式门闸,已经可以由驾驶员自己控制门闸;图3-16(d)所示是智能控制门闸,通过摄像头自动辨识车主身份,进而控制门闸的开闭。

(a)移动桌的进化　　　　　　(b)移动椅的进化

图3-14　可移动性进化路线

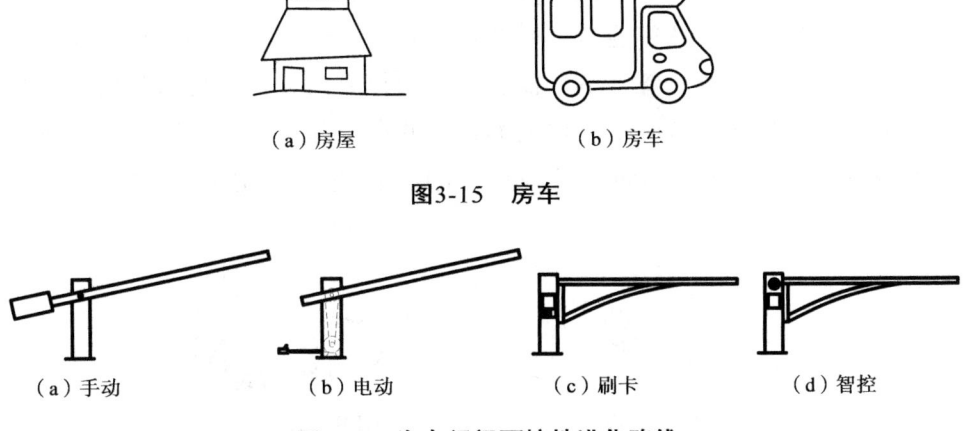

（a）房屋　　　　　　（b）房车

图3-15　房车

（a）手动　　　（b）电动　　　（c）刷卡　　　（d）智控

图3-16　汽车门闸可控性进化路线

6. 不要一碗水端平

产品设计初始不是每个子系统都处于同样的水平，同样，产品进化过程中各子系统不是同步进化的，有先有后。TRIZ理论有个进化法则——子系统不均衡进化法则。技术系统的各子系统不是同步、均衡发展的，这种不均衡发展会导致子系统间出现矛盾，解决此矛盾会使整个系统获得突破性发展；技术系统的进化速度取决于系统中进化最慢的子系统。

这个法则带来启示：改进进化最慢的子系统，就能提高整个系统的性能；另外，设计新产品时不必追求尽善尽美，只要实现基本功能即可推向市场。

实例故事：

尹问特看了汽车、飞机的进化过程，了解到各子系统的发展不是同步、均衡的。例如电话，首先是实现听筒与拾声器的合并，接着改善信道交换方式并向便携性方向发展，现在已经发展为多媒体智能手机了。

尹问特想对签字笔进行改进，能否应用这个子系统不均衡进化法则呢？子系统包括笔身、笔芯、笔盖，其中笔芯又包括笔液管、笔头体、书写珠等，已经经历了很长时间的进化了，陆续解决了各子系统存在的问题，如笔液流出方式、笔液储存、防止书写珠堵塞等，那现在还存在什么问题呢？尹问特在使用签字笔的过程中发现笔容易滚落，摔在地上，有时会损坏笔头体与书写珠的连接，导致堵塞。这也说明签字笔没有考虑防摔子系统，所以现在改进签字笔，需要考虑防摔方式。尹问特认为增加一个防摔的装置，如图3-17所示，加大笔盖，并在内部装重块，这样就形成一个不倒翁，可减少占用桌面空间，由于重块相对较重，也可防止摔落。

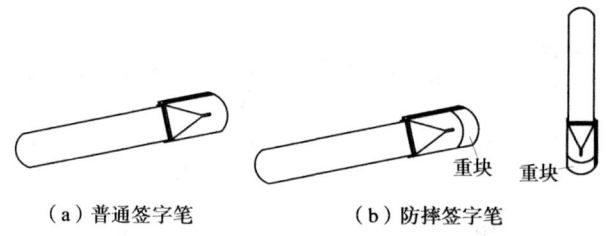

（a）普通签字笔　　　　（b）防摔签字笔

图3-17　签字笔的子系统不均衡进化

7. 微型化

让我们看看动力装置的进化历程，一开始是庞然大物的蒸汽机，后面出现了煤气内燃机，到现在发展为汽油内燃机，体积越来越小了，这也说明技术系统的进化有时朝着缩小的方向发展。还可以从很多产品上看到这一趋势，如电脑（芯片）、手机等。在TRIZ理论的进化法则中有一个法则就是向微观级进化法则。该法则表明：技术系统沿着减小元件尺寸的方向进化。技术系统在进化过程中，向着减小它们尺寸的方向发展，趋于达到原子核基本粒子的尺度。

这个法则给我们启示：①我们可以把产品做得足够小，以满足特殊需要；②为了减少对空间的占用，我们可以把产品做成可折叠的，以减少不用时占用的空间。

实例故事：

尹问特想清洗杯子内的污垢，杯子比较深，手指抵不到杯底，用废牙刷也不好清理底面，该怎么办？后来他看到清理马桶的刷子，四周都有毛刺，这样清理马桶就无死角。尹问特立刻想到把刷子做成微型的，就可以清理杯子的底面了，如图3-18所示。

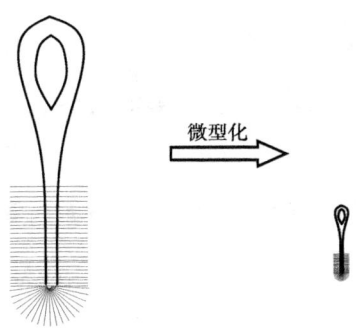

图3-18 向微观级进化（以毛刷为例）

8. 升级为超系统

现在人们旅途中手机没电了，就用充电宝充电，这个充电宝就是手机电池的升级版。电池是手机的一部分，现在升级成一个单独的产品。从这个超系统的例子可以看到，技术的进化有时朝着向超系统跃迁的方向发展。生活中还有很多这样的例子，如电视遥控器就是从电视机的控制部分独立出来的，光盘刻录机是从电脑光驱进化而来的。

在TRIZ理论中有一个进化法则是向超系统跃迁法则。当技术系统进化到极限时，实现其某项功能的子系统会从系统中剥离，转移至超系统，作为超系统的一部分。该法则带来的启示：①技术系统向着单系统到双系统再到多系统方向进化，如通过集成进行创新；②技术系统通过与超系统组件合并获得资源，超系统提供更多的可用资源；③技术系统的可用资源逐渐枯竭后，寻求新的资源支撑系统继续发展，如通过增加功能或降低成本提升价值。

实例故事：

尹问特受到向超系统跃迁法则的启示后想改进铅笔。他发现如果铅笔断了，找削笔刀比较麻烦，是否能够把铅笔刀和铅笔集成在一起呢？他马上动手设计起来。如图3-19所示，他把铅笔、橡皮、铅笔刀集成在一起，形成一个集擦除、削笔功能于一体的新型铅笔产品，其中卷笔刀与橡皮是嵌套夹紧连接，铅笔头与卷笔刀通过一个卡扣夹紧。

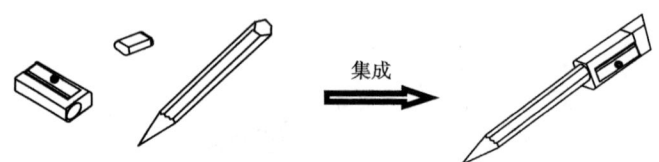

图3-19 向超系统跃迁(以集成铅笔为例)

9. S 曲线

S曲线:技术系统或产品进化过程可分为婴儿期、成长期、成熟期和衰退期4个阶段。S曲线与技术系统的8大进化法则揭示了技术系统进化的一般规律,是TRIZ理论重要的指导原则。综观汽车进化史可知,蒸汽汽车出现,是汽车的婴儿期;内燃机出现,特别是汽油内燃机出现及缩小后装在车辆上,出现了现代汽车,这是汽车的成长期;目前,汽车已经在动力系统、安全性、舒适性方面取得了巨大进步,汽车已处于成熟期;未来,汽车可能逐步走向衰退,被更绿色、更方便的交通工具取代。

前面介绍的8大技术进化法则中,提高理想度法则是核心,是其他法则的基础,其余7条法则是围绕着提高系统的理想度法则衍生的。技术进化法则与S曲线的关系如图3-20所示。

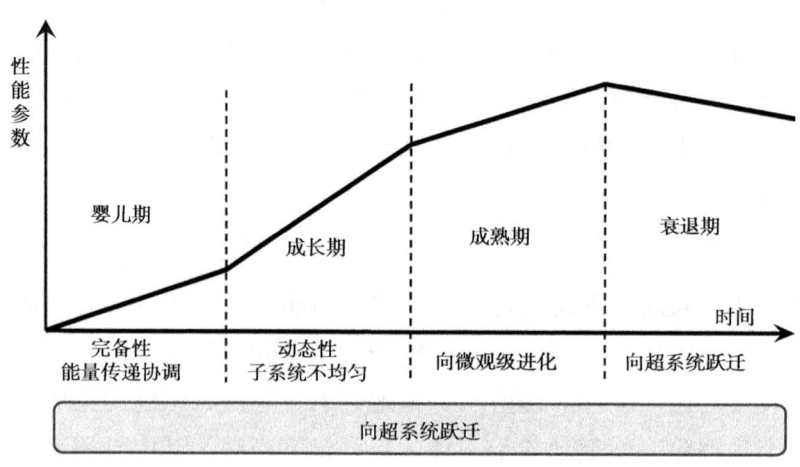

图3-20 技术进化法则与S曲线的关系

从技术进化法则与S曲线的关系图中看到：①在婴儿期，技术系统主要围绕技术原理实现，可采用完备性法则、能量传递法则、协调性法则使系统功能得以实现；②在成长期，技术系统处于性能优化和产业化阶段，可以采用提高动态性进化法则、子系统不均衡进化法则，促进技术系统快速完善，得到市场认可；③在成熟期，技术系统趋于完善，需要应用向微观系统进化对局部加以改进；④在衰退期，技术系统的性能参数、盈利已经达到最高并开始下降，需要开始开发新系统，可以采用向超系统跃迁法则使系统更新换代；⑤提高理想度法则贯穿技术系统的全生命周期。这些启示让我们在具体的产品阶段选择进化法则有明确的思路。

在实际应用中，TRIZ技术进化法则的选择思路如图3-21所示。对于待解决技术系统，根据S形进化曲线原理分析技术系统所处的阶段，而后依次应用完备性法则、能量传递法则、协调性法则、动态性进化法则、提高理想度法则、不均衡进化法则、向微观级进化法则、向超系统进化法则，最后获得建议方案，并结合实际技术系统，建立解决方案。技术进化法则应用过程也体现了技术系统由量变到质变的实质。有时只需根据实际情况应用一个或者几个技术进化法则即可获得解决方案。

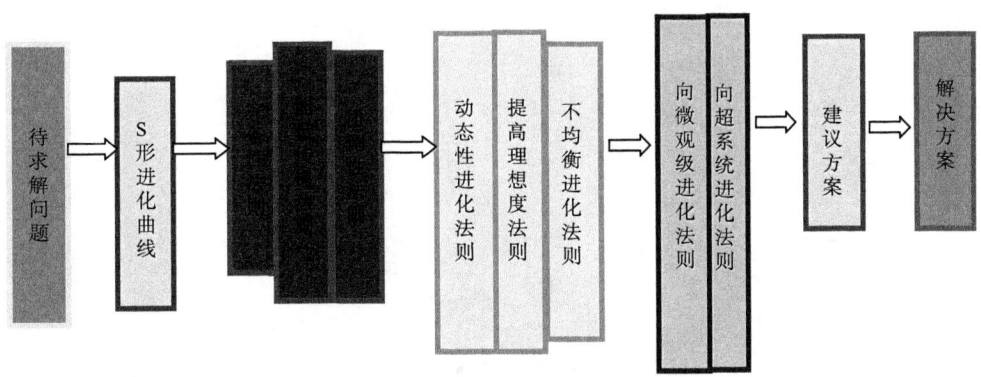

图3-21　TRIZ技术进化法则的选择思路

旅程四　发明技巧 40 计

嗨！大家经历了两段旅程，已经了解了TRIZ的两大类创新工具了，现在来到第三段旅程了，看看它的40条发明原理。这些发明原理是TRIZ理论创始人阿奇舒勒在分析了大量专利的基础上总结出来的，能够直接帮助我们解决发明中碰到的问题。同时，这些原理可以用我国的成语或俗语表述，因此也可以说成是发明技巧40计。

1. 化整为零

化整为零：将一个技术系统分成若干部分，以便分解或合并成一种有益或者有害的系统属性。这个技巧在TRIZ理论中称为分割原理，也称分割法。

具体措施：①将物体分成相互独立的部分；②将物体分成容易组装和拆卸的部分；③增加物体的可分性。该技巧提示我们，当系统因为太重或太大而不易操控时，可考虑将其分割成若干轻便的子系统，使每一部分均易于操控。

对于措施①，将物体分成相互独立的部分，我们看到计算机分割为主机、显示器、键盘、鼠标，大型卡车分割成牵引车和拖车等，都是实例，如图4-1所示。

对于措施②，将物体分成容易组装和拆卸的部分，我们常见的组合沙发、组合扳手、组合螺钉旋具、可组合USB插头等都是实例，如图4-2所示。

(a)计算机　　　　　　　　　(b)卡车

图4-1　将物体分成相互独立的部分

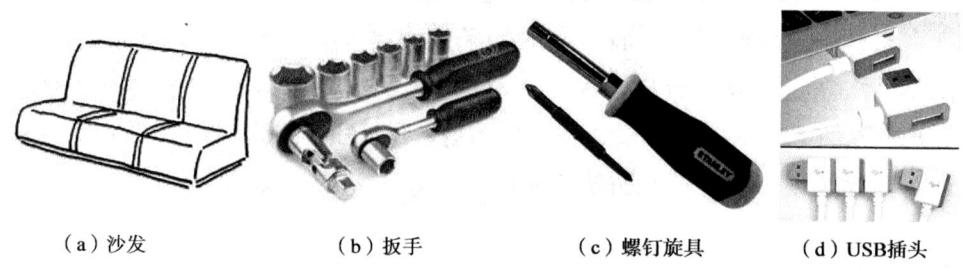

(a)沙发　　　(b)扳手　　　(c)螺钉旋具　　　(d)USB插头

图4-2　将物体分成容易组装和拆卸的部分

对于措施③，增加物体的可分性，如将整块的座椅板改成一条条板的组合，可以增强透气性；又如整体的窗户，改为多个小块窗户的组合，这样可以单独打开某个小块的窗户，如图4-3所示。

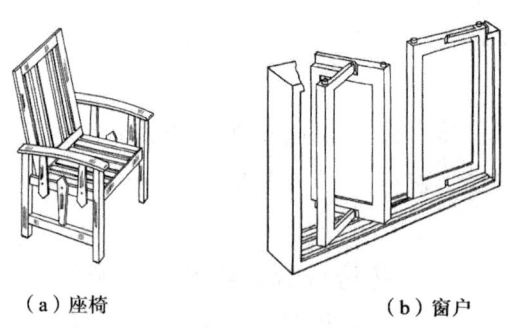

(a)座椅　　　　　　　　　(b)窗户

图4-3　增加物体的可分性

实例故事：

尹问特看到有些同学想喝两种饮料时需要一次买两瓶，携带不方便，就想能否在一个瓶子内装两种饮料。他利用分割原理，设计了一种由两个半瓶合并的瓶子，即将一个瓶子分割成两个瓶子，再组合在一起，这样就可以同时装两种饮料，只需买一瓶饮料就能满足两种口味的需求，如图4-4所示。

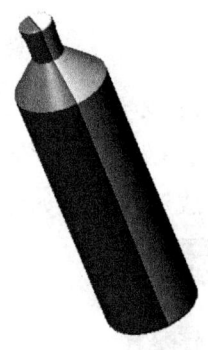

图4-4　同时装两种饮料的瓶子

2. 披沙捡金

披沙捡金：将系统中有用或者有害部分（属性）抽取出来，在TRIZ理论中称为抽取原理，也称抽取法。

具体措施：①从物体中抽出有负面影响的部分或属性，加以隔离；②从物体中抽取必要的部分，做成新产品。该技巧提示我们，把系统中的功能或部件分成有用、有害的部分，视情况抽取出来。同时也要注意，不是为了抽取而抽取，而是要使系统增加价值。

对于措施①，从物体中抽出有负面影响的部分或属性，加以隔离，如将空调中产生噪声的空气压缩机放在室外，隔离噪声就是实例，如图4-5所示。又如，军舰上各种设备的电磁波会干扰水相声呐的正常工作，于是用遥控装置拖曳声呐，使其远离军舰，这样就可以避免声呐受到舰艇上电磁波的影响，如图4-6所示。

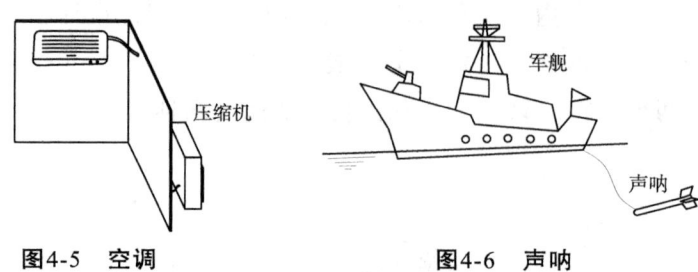

图4-5 空调　　　　　　　　图4-6 声呐

对于措施②，从物体中抽取必要的部分，做成新产品，如导盲机器人就是将导盲犬的功能抽取出来，做成了新产品，如图4-7所示。又如，把电视机控制的功能抽取出来，做成遥控器，如图4-8所示。

图4-7 导盲机器人　　　　　　　　图4-8 遥控器

实例故事：

尹问特看到手持式割草机有一个发动机，拿在手里比较重，而且振动大，如图4-9（a）所示，就想能否把发动机抽取出来，做成可移动的。使刀具通过软轴与发动机连接，如图4-9（b）所示，这样就能避免工人因手持重物而疲劳了。

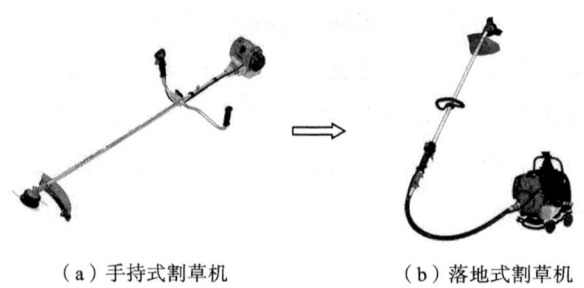

（a）手持式割草机　　　　　　（b）落地式割草机

图4-9 抽取的实例

3. 天方地圆

天方地圆：在某一特定区域内（局部）改变某事物（气体、液体或固体）的特性，以便获得某种所需的功能特性，在TRIZ理论中称为局部质量原理，也称局部质量改善法。

具体措施：①将物体、外部环境或作用的均匀结构改变为不均匀结构；②使物体的不同部分具有不同的功能；③使物体的各部分处于完成其功能的最佳状态。该技巧提示我们，要充分利用系统的各个部分，同时注意应使不均匀的结构或环境具有很强的适应性。

针对措施①，将物体、外部环境或作用的均匀结构改变为不均匀结构，如阳台的悬臂梁就没有做成一个截面相同的梁，而是做成从墙壁到外部截面逐渐缩小，以达到等强度的目的，如图4-10所示。类似的还有梯度材料。

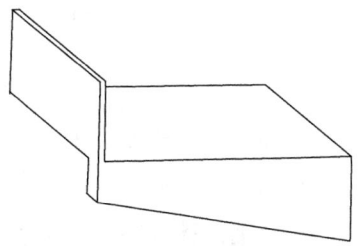

图4-10　等强度的变截面梁

针对措施②，使物体的不同部分具有不同的功能，如榔头把不锤钉子的那头做成起钉器，并进一步利用锤柄部分，就设计出了一物多用的榔头，如图4-11所示。又如多格饭盒，不同的格可存放不同的食物，如图4-12所示。

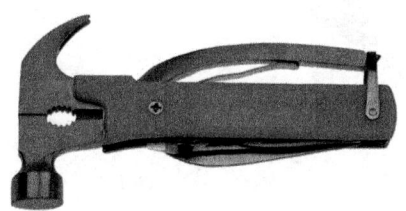

图4-11　多功能榔头

图4-12　多格饭盒

针对措施③，使物体的各部分处于完成其功能的最佳状态，如图4-13所示，单车座垫下面的空间没有得到利用，可以绑一个袋子，以便携带东西。

图4-13　单车座垫下的空间利用

实例故事：

尹问特看到筷子的中部空间有些浪费，于是设计了中空的筷子，这样既可以当筷子用，又可以当吸管用，如图4-14所示。他看到台灯的灯座没有充分利用，就考虑用局部质量原理将灯座改为笔筒，如图4-15所示。

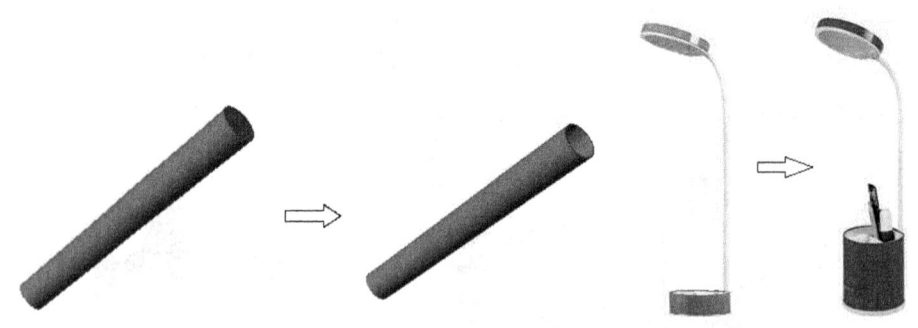

图4-14　中空的筷子　　　　　　　图4-15　笔筒台灯

4. 以偏概全

以偏概全：利用不对称原理，将各向同性转换为各向异性，或是与之相反的过程。各向同性是指在物体的任一部位沿任一方向测量都是对称的。而各向异性相反，即在物体的不同部位或沿不同方向测量，所得结果是不同的。该技巧在TRIZ理论中称为不对称原理，也称非对称法。

具体措施：①把原来对称的物体改为不对称的结构；②增加不对称物体的不对称程度。该技巧提示我们，善于对物体的状态做出改变，如改变物体的平衡、让物体倾斜、减少材料用量、降低总重量、变换几何结构等，可以获得特殊的性能。

对于措施①，将物体改为不对称结构，如网线的插头，为了防止插反，设计成上下非对称结构，如图4-16（a）所示；很多线缆的连接插头均做成非对称结构，如图4-16（b）所示。又如，为自行车设计的雨伞也是非对称的，后面要长一些，如图4-16（c）所示。

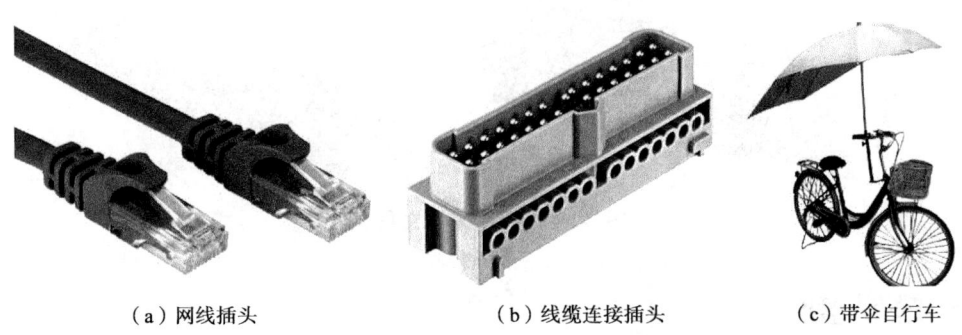

（a）网线插头　　　　　　（b）线缆连接插头　　　　　　（c）带伞自行车

图4-16　不对称原理实例

对于措施②，对已经是非对称结构的物体，增加它的不对称程度，如在能够指示液化气容量的液化气瓶底面做一个斜面，增加斜面的区域，如图4-17所示，可以使指示更灵敏。

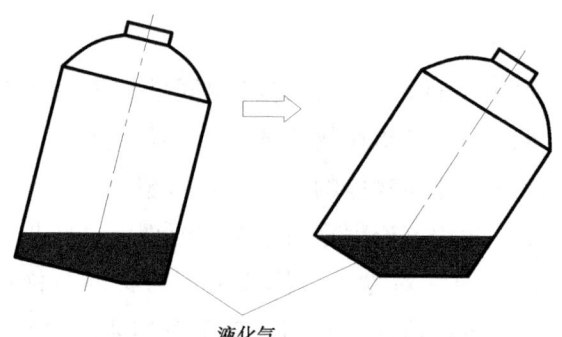

图4-17 增加不对称的程度

实例故事：

尹问特的文具盒，盒身与盒盖有一点不对称，需要按照一定的方向才能盖好，但如果不仔细看很容易弄错，几次才能盖好，很不方便。他根据不对称原理，将这个不对称结构改得更明显一些，盖的时候就能够注意方向，不易出错，如图4-18所示。

图4-18 不对称的文具盒

5. 珠联璧合

珠联璧合（集众所长）：在物品的功能、特性或部分之间建立一种联系，使其产生一种新的、期望的结果。通过对已有功能加以组合，可以生成新的功能。这在TRIZ中称为组合原理，也称组合法。现在经常提到的集成创新（将各种有益的技术融合在一起）也是这个原理。这个技巧与技术进化工具中的"向超系统跃迁法则"的"单系统—双系统—多系统"进化路径相似。

具体措施：①把空间相邻的物体或相邻的操作联合起来；②把时间上

相同的物品或相邻的操作联合起来。该技巧提示我们，可以将新材料、新方法、新技术引入老产品中，在时间和空间上加以组合，达到提高产品性能的目的。

对于措施①，把空间上相关的物体联系起来，如组合家具就是将一个房间内几个相邻的家具组合在一起形成，还有组合工具、组合夹具、带风扇的晾衣架、带灯的雨伞等，如图4-19（a）所示。同样，将相邻的操作组合在一起也是组合原理的应用，如轧钢厂相邻的操控台可以组合在一起，便于操作人员同时操控多台机器，如图4-19（b）所示。

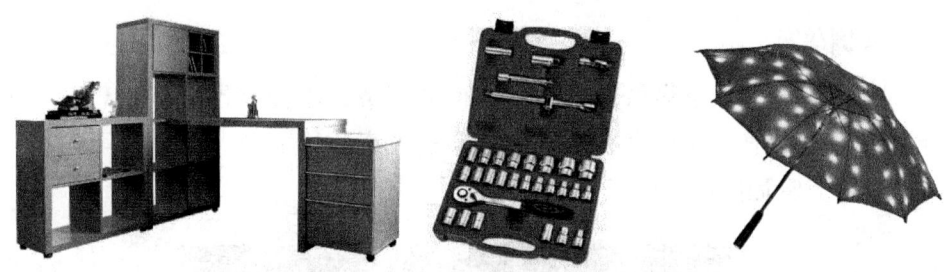

（a）组合家具、组合工具、带灯的雨伞

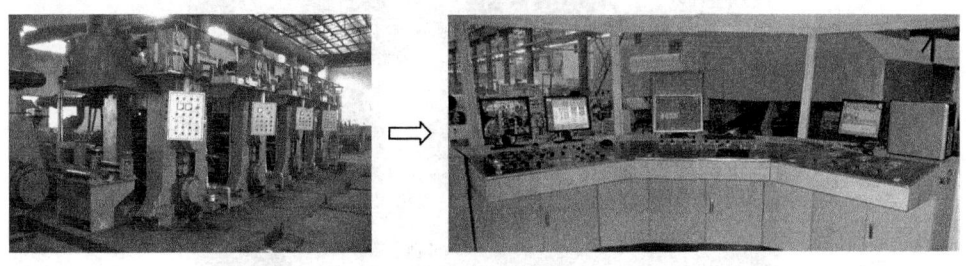

（b）轧钢操控台

图4-19 组合原理实例

对于措施②，将时间上相同的物体联系起来，组成新的物体，如运输大块玻璃时，尽管采用柔软的物品将玻璃包好，但还是容易破碎，而将两块玻璃合在一起，中间涂点水，这样就大大增强了玻璃的强度，可以减小破碎的概率。同样，将时间相邻的操作组合在一起也是组合原理的应用，如豆浆机就是将打碎豆子、煮豆子等几个操作组合在一起，如图4-20所示。

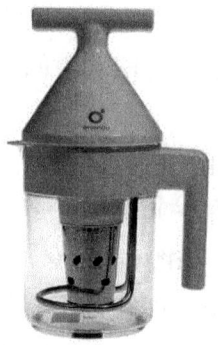

图4-20 豆浆机

实例故事:

尹问特每次吃刚做好的面条时,面条很烫,不能立即吃,就想到了组合原理,能否把风扇组合在筷子上?通过风扇吹冷面条,就能马上吃了。他的构想方案如图4-21所示。

图4-21 带风扇的筷子

6. 一专多能

一专多能:一个物体可以实现多种不同的功能,而不需要其他物体,在TRIZ理论中称为多用性原理,也称一物多用法。

具体措施:①使物体具备多个功能;②如果某个物体的功能被取代,

则该物体可以被裁剪。该技巧提示我们，设计物品或产品时，可以考虑增多其功能。

对于措施①，使物体具备多个功能，如图4-22（a）所示的多功能剪刀，除具备剪刀功能外，可以开启瓶盖、夹核桃、刨丝、削皮等；图4-22（b）所示的螺栓刀，可以拧各种螺钉、锯、削、开盖、照明等；图4-22（c）所示的测电笔，可以检查物体是否有电，也可以当螺钉旋具使用。

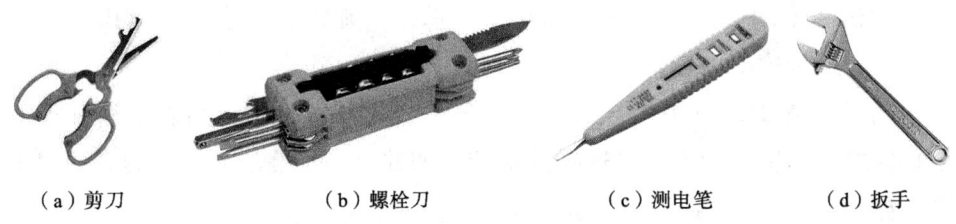

（a）剪刀　　　　（b）螺栓刀　　　　（c）测电笔　　　　（d）扳手

图4-22　多用性产品

对于措施②，如果某个物体的功能被取代，则该物体可以被裁剪，如图4-22（d）所示的可调扳手就取代了多把固定扳手。

实例故事：

尹问特的房间比较小，有一些书没地方放，于是他根据多用性原理将椅子改造了一下，如图4-23所示，座板下面可以放书，后面的脚设计成轮子，这样移动时可以不受书重的影响。

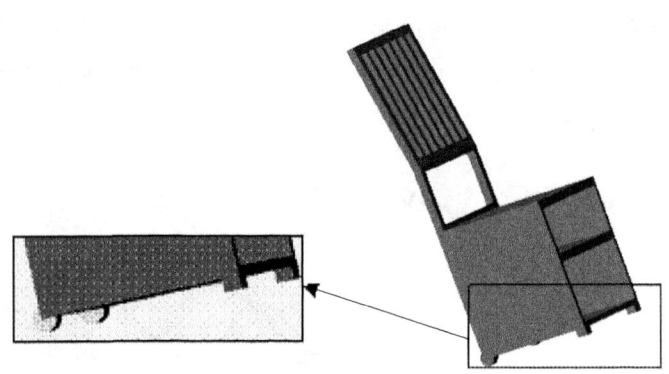

图4-23　多功能椅子

7. 层出不穷

层出不穷：采用一种方法将一个物体放入另一个物体的内部，或者让一个物体通过另一个物体的空腔而实现嵌套，即彼此吻合、彼此组合、内部配合等，在TRIZ中称为嵌套原理，也称套叠法。

具体措施：①一个物体位于另一个物体之内，而后者又位于第三个物体之内，以此类推；②一个物体通过另一个物体的空腔。该技巧提示我们，尝试在不同方向上嵌套，如水平、垂直、旋转、包容等，考虑空间的利用，以及被嵌套的物体重力。

对于措施①，一个物体嵌套在另外一个物体之内，而后者又套在第三个物体之内，生活中有很多这样的实例，如抽屉、套叠的刀具、套叠的凳子等，如图4-24所示，还有玻璃杯、碗的叠放和套娃等。

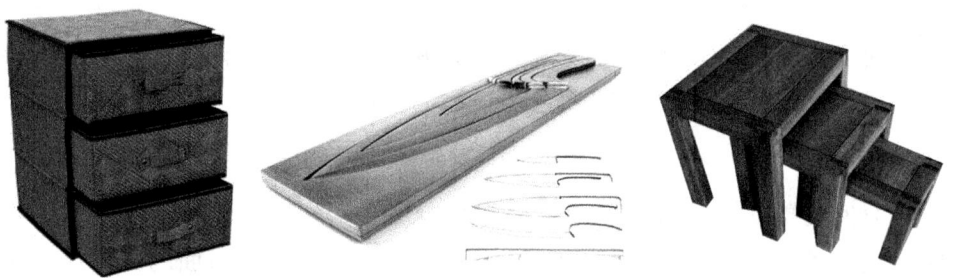

图4-24　嵌套原理实例系列1

对于措施②，一个物体通过另一个物体的空腔，如图4-25所示的拉杆天线、多级液压缸、卷尺，以及伸缩鱼竿、自动铅笔、推拉门窗、起重机的伸缩臂等即是如此。

图4-25　嵌套原理实例系列2

实例故事：

学校会议室的长条桌椅是固定的，当坐在中间的人要出入时，旁边的人起立让座才行，很不方便。尹问特看到这种情况，应用嵌套原理，构思了一种伸缩的桌板，这样可以直接收缩桌面，方便通行，如图4-26所示。

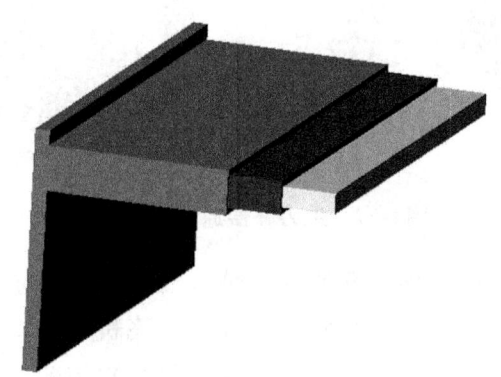

图4-26　伸缩桌板示意图

8. 分庭抗礼

分庭抗礼：以一种对抗或平衡的方式来减弱或消除某种效应，或者纠正某种缺陷，又或补偿过程中的损失，从而建立一种均匀分布形式或增强系统其他的功能，在TRIZ中称为重量补偿原理，也称质量补偿法。

具体措施：①将物体与具有上升力的另一物体结合以抵消其重力；②将物体与介质（最好是气动力和液动力）相互作用以抵消其重力。该技巧提示我们，尽量利用气体或液体的浮力，完成一些必要的功能。

对于措施①，将一个物体连接在能自动上升的物体（如热气球）上，以抵消其重力，如图4-27所示的带吊篮的热气球、用氢气球悬挂的条幅等即是如此。

图4-27　重力补偿原理实例系列1

对于措施②，将物体与介质（气体或液体）相互作用以抵消其重力，可以理解为利用液体或气体的浮力，如船、飞机、救生衣等都是利用浮力工作的，起重机配重、转子动平衡配重、机构平衡配重等也是利用这个原理，如图4-28所示。

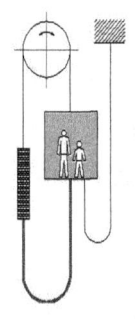

图4-28　重力补偿原理实例系列2

实例故事：

尹问特家里将有客人来访，想在院子外面挂一个欢迎的条幅，但外面没有树木或立杆可以用来悬挂条幅。尹问特用什么技巧解决这个问题？利用空气的浮力，用气球悬挂条幅，不失为一个好方案，如图4-29所示。

图4-29 气球悬挂条幅

9. 先发制人

先发制人：在可能出现问题的地方采取一定措施来消除、控制或防止某些问题的出现，在TRIZ理论中称为预先反作用原理，也称预加反作用法。

具体措施：①事先施加机械应力，以抵消工作状态下不期望的过大应力；②如果需要某种相互作用，则事先施加反作用。设计时考虑预应力结构、带弹簧复位、发条驱动等，都属于预先反作用。该技巧提示我们，应预先采取行动来抵消、控制或防止潜在故障出现。

对于措施①，事先施加机械应力，以抵消工作状态下不期望的过大应力，如图4-30所示，因为了解到梁在受力的状况下会向下弯曲，所以先将梁向上弯曲，这样处理后，梁在安装后受力正好平衡，可以延长其工作寿命。还有钢筋混凝土中的钢筋，因为预先知道它在工作受到压力，所以在安装之前进行拉伸，以使它在工作时保持应力平衡。

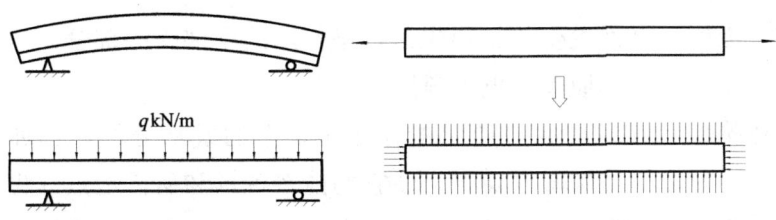

图4-30 预先反作用原理实例1

对于措施②，如果需要某种相互作用，则事先施加反作用，如图4-31所示，这些玩具需要利用弹簧的反弹力，预先将弹簧压缩或收缩。射箭、弹弓等也利用了这个原理。

图4-31　预先反作用原理实例2

实例故事：

尹问特想做一个简单的能发射石头的枪，根据预先反作用原理，先把竹片弯曲，而后突然释放，如图4-32所示，利用竹片的弹力，把旁边的小石子发射出去。

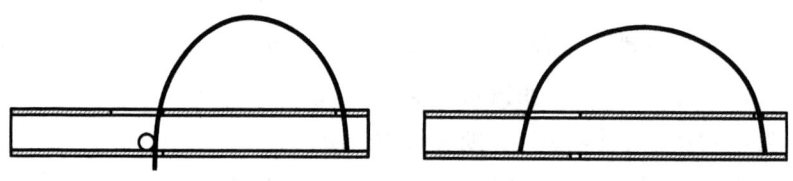

图4-32　弹石枪

10. 有备无患

有备无患：事件发生前，预先执行该作用的全部或一部分，这个技巧在TRIZ中称为预操作原理，也称预操作法。

具体措施：①预先完成要求的作用（整个的或部分的），如加工成半成品；②预先将物体安放妥当，使它们能在现场和所需地点立即完成所需要的功能。该技巧提示我们，预先考虑一些措施，在临时应用时带来方便,如备件、不干胶等应常备手边。

对于措施①,预先完成要求的整个的或部分的作用,如预先把所有的菜都切好,这样炒菜时就很快。生产中粗加工就是精加工的预操作,预先打磨工件上的铁锈为喷漆做准备、预先制备混凝土板为楼板铺设做准备也属于预操作法,如图4-33所示的半成品件与预制板即是如此。

(a) 半成品件　　　　　　　　　　(b) 预制板

图4-33　预先完成部分(半成品件与预制板)

对于措施②,预先将物体安放妥当,使它们能在现场和最方便的地点立即完成所需要的功能,如图4-34所示的备件、不干胶、快递袋、带封胶的信封等都是实例。

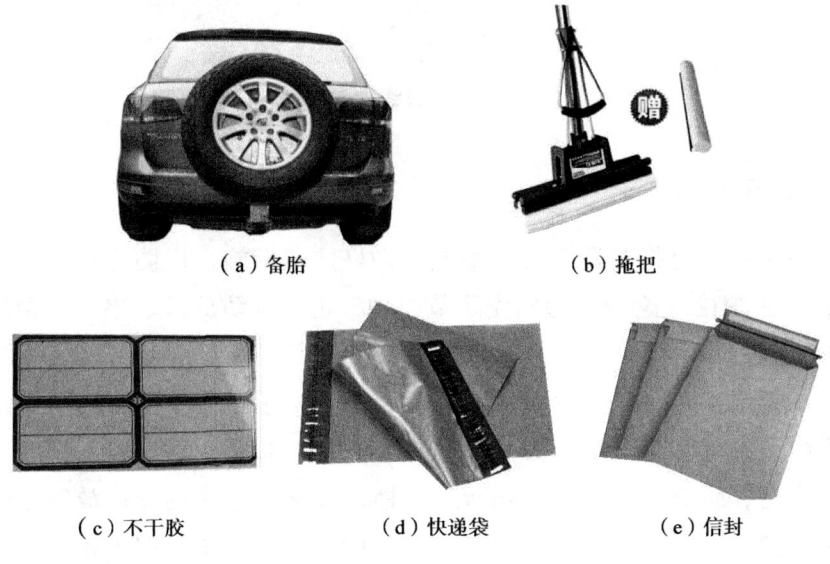

(a) 备胎　　　　　　　　(b) 拖把

(c) 不干胶　　　(d) 快递袋　　　(e) 信封

图4-34　预先准备

49

实例故事：

尹问特看到妈妈每次收到快递，打开封胶带很费力，于是想到了预操作原理，在封箱胶带中预埋一根线，通过拉线就可将胶带一分为二，这样开箱就非常方便了，如图4-35所示。

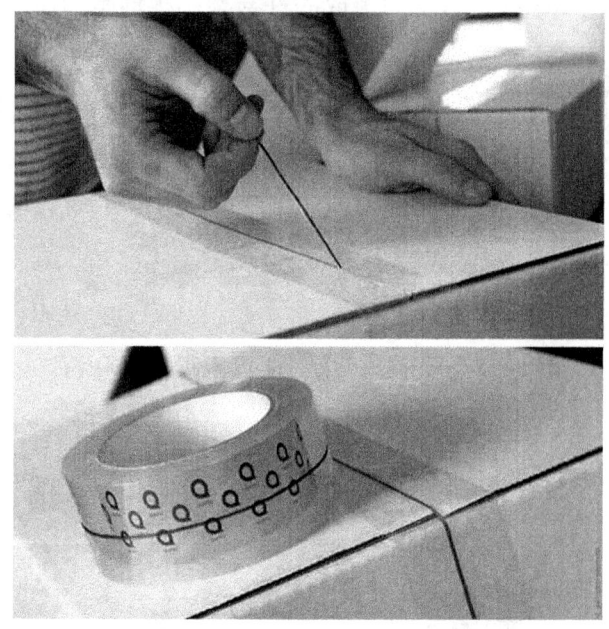

图4-35　预埋开口线的封箱胶带

11. 防患未然

防患未然：对将要发生的事情预先做好防范措施，以防止或降低危险的发生，在TRIZ理论中称为预先防范原理，也称预防原理、事先防范原理或预先防范法。

具体措施：以事先准备好的应急手段补偿物品的可靠性，即采用各种手段防止系统发生危险，如考虑防撞、防漏、防跌、防坠物、防晒、防盗、防泄密、防灾等。如图4-36所示，楼道放灭火器、列车内放安全锤、弯道设防护栏、汽车内设安全气囊都是实例，还有飞机与船上备救生衣、电梯内装对讲机等也都是防患于未然。

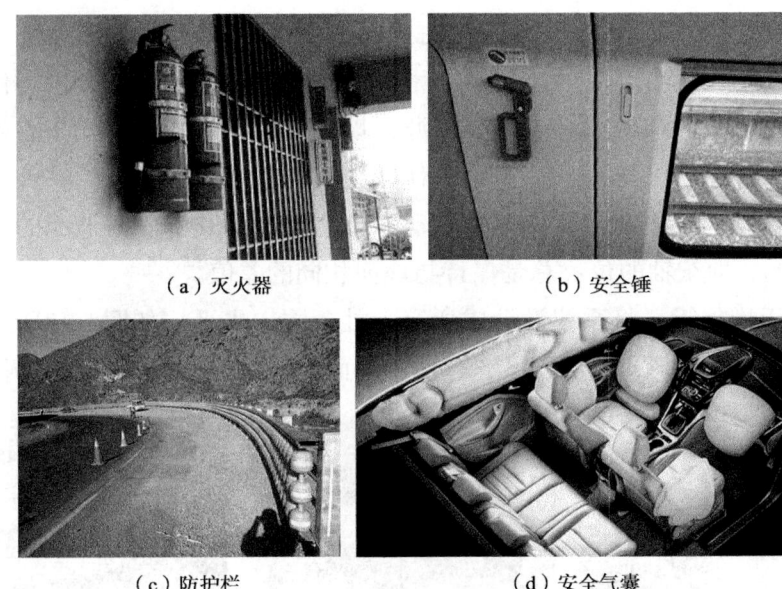

(a) 灭火器　　(b) 安全锤　　(c) 防护栏　　(d) 安全气囊

图4-36　事先防范原理实例

实例故事：

尹问特觉得厨房的菜刀也是一种危险的工具，不小心会切到手，他根据事先防范原理，就设想在菜刀柄内放置创可贴，一旦碰到受伤的情况就立即取出创可贴包扎，如图4-37所示。

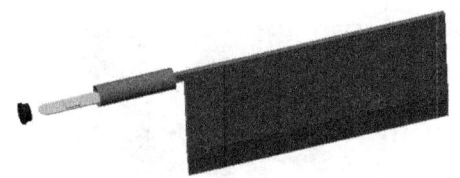

图4-37　带创可贴的菜刀

12. 平起平坐

平起平坐：改变物体的工作状态，以减少物体上升或下降的需要，在TRIZ理论中称为等势性原理，也称等势法或相对法。

具体措施：①使一个系统或加工过程的所有点或方面处于同一水平，

以减少重力做功；②在系统内部建立关联，使系统可以支持等势状态；③建立连续或完全互联的组合及关系。该技巧提示我们，减少重力做功，充分利用环境、结构或系统内部资源，以最低的附加能量消耗来有效地消除不等位势（有害作用）。车轮为什么会成为车辆必不可少的部件？就是因为车轮具有等势性，不论车轮转动到哪个位置，其中心与地面的距离总是相等的，即车轴的位势总是保持与地面相同的差值。

对于措施①，将系统设计成所有点处于同一水平，如图4-38所示的流水线、电梯地面与楼层地面平齐、站台地面与车厢地面平齐就是实例。

（a）流水线

（b）电梯

（c）站台

图4-38　流水线、电梯与站台

对于措施②，在系统内部建立关联，使系统可以支持等势状态，如图4-39所示的船闸，控制上下游的开闸顺序，当闸内水位与通航方向水位一致时船就能等势通过。

图4-39　船闸

对于措施③，建立连续或完全互联的组合及关系，如图4-40所示的货车装卸板或斜板建立了地面与车厢面的联系，方便装卸。

（a）装卸板　　　　　　　　　　　（b）斜板

图4-40　货车装卸工具

实例故事：

尹问特带行李箱出门旅游时有个强烈的感受，就是碰到楼梯不能拖行，非常不便。如何改变这种状况呢？他根据等势性原理，设计了一个可变直径的轮子安装在行李箱上，当行走在楼梯时，采用大直径的轮子，就可以使行李箱与楼梯斜面距离基本保持不变，这样拖行就不会出现太大的颠簸，如图4-41所示。

图4-41　可变直径的行李箱轮子

13. 倒行逆施

倒行逆施：施加一种相反或反向作用，上下颠倒或内外翻转，在TRIZ

中称为反向原理，也称反向作用、反向功能或逆向运作法。

具体措施：①用相反的作用代替技术条件规定的作用；②使物体或外部介质的活动部分成为不动的，而使不动的成为可动的；③将物体颠倒。该技巧提示我们，尝试使系统或物体"反转"或颠倒，看看能否获得新功能、新特征、新作用及新物体。

对于措施①，用相反的作用代替技术条件规定的作用，如图4-42（a）所示，伞骨设置在外面，收拢后内面可以装东西。又如图4-42（b）所示的雨水收集器，是将伞罩倒置，便于雨水收集。

（a）伞骨外置　　　　　　　（b）伞罩倒置

图4-42　反向作用原理实例1

对于措施②，将物体或环境中的活动部分改为不动的，而使静止的部分改为能动的，如图4-43所示的跑步机和平面输送带即为实例。此外，电动机的定子和转子也可以相互换位，如使定子成为转子，使转子成为定子。

（a）跑步机　　　　　　　　（a）输送带

图4-43　反向作用原理实例2

对于措施③，将物体颠倒或变换空间位置，如图4-44所示吊装花盆，可以节省地面空间。

图4-44　反向作用原理实例3

实例故事：

喝盒装酸奶的朋友可能总是在想，如何将盒盖上粘附的酸奶喝干净？尹问特根据反向作用原理设计了一个盒盖和盒底均能插吸管的酸奶盒，这样就不愁盒盖背面留下酸奶了，如图4-45所示。

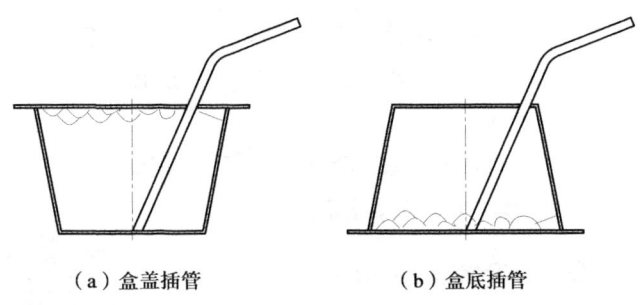

（a）盒盖插管　　　　　　　（b）盒底插管

图4-45　新型酸奶盒

14. 毁方投圆

毁方投圆：应用曲线或球面属性取代线性属性，用转动取代线性运动，使用滚筒、球或螺旋结构，在TRIZ中称为曲面化原理，也称曲化法、类球面法。

具体措施：①从直线部分过渡到曲线部分，从平面过渡到球面，从正六面体或平行六面体过渡到球形结构；②利用杆、球体、螺旋；③从直线运动过渡到旋转运动，利用离心力。该技巧提示我们，尝试将直角、线性、平面、立方体转换到圆角、非线性、曲面、球面体，或许能实现新的功能。

对于措施①，用曲线代替直线，用曲面代替平面，用球形结构代替长方体或立方体结构，直锯到圆锯即为实例，如图4-46所示。

图4-46　直锯到圆锯

对于措施②，利用杆、球体、螺旋结构，如图4-47所示的麻花钻头、滚筒式犁刀即是实例。类似的还有滚球式鼠标、螺旋千斤顶等。

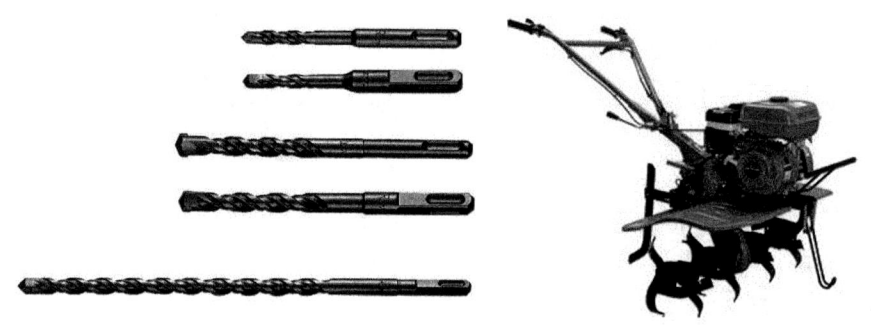

图4-47　麻花钻头与滚筒式犁刀

对于措施③，将直线运动改为旋转运动，或者利用离心力，如图4-48所示的刨刀直动到铣刀的旋转运动即是实例。洗衣机的滚筒就是利用了离心力，旋转削笔刀利用旋转运动提高了切削效率。

图4-48 曲面化原理实例

实例故事:

尹问特买了一把梳子,梳齿是尖的,梳头不舒适,他根据曲面化原理将梳齿倒圆,这样梳头时就不痛了,如图4-49所示。

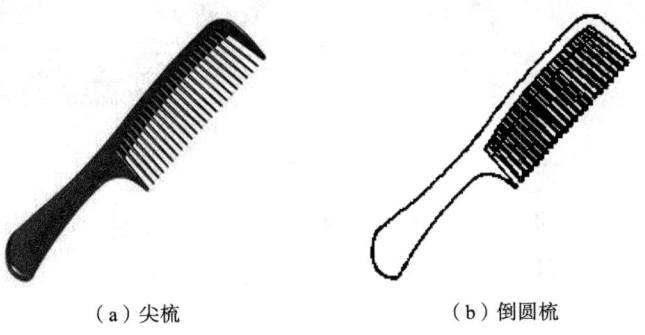

(a)尖梳　　　　　　　　(b)倒圆梳

图4-49 倒圆的梳子

15. 一静不如一动

一静不如一动:使系统的状态或属性成为短暂的、临时的、可动的、自适应的、柔性的或可变的,在TRIZ中称为动态化原理,也称动态特性法。这个技巧与技术进化工具中的动态化进化法则是一致的。

具体措施:①改变物体的性质或外部环境,使其工作的每一阶段都取得最佳效果;②将物体分成彼此相对移动的几个部分;③使不动的物体成为可动的。该技巧提示我们,考虑将系统中的某些几何结构改为柔性的、可自适应的；往复的运动改为旋转运动；让相同的部分执行多种功能；使特征变为柔性的；使系统可在多种环境下工作。

对于措施①，改变物体的性质或外部环境，使其工作的每一阶段都取得最佳效果，如图4-50所示的变形轮即是实例。生活中还有很多装置可以调整，如可以调整的水龙头、可以调整的台灯等，都是利用这个措施而设计的。

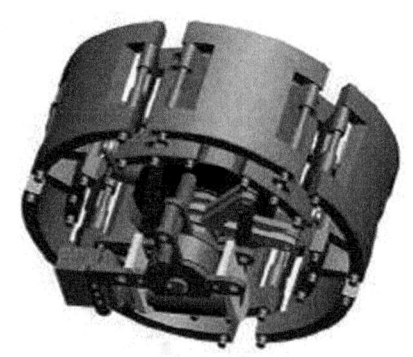

图4-50　变形轮

对于措施②，将物体分成彼此相对移动的几个部分，如图4-51所示，桌椅做成可以调整的，火车做成各节车厢铰接以适应弯道，这些都是实例。

（a）可调桌椅　　　　　　　　　（b）铰接列车

图4-51　可调桌椅与铰接列车

对于措施③，使不动的物体成为可动的，如图4-52所示的可移动的椅子和桌子即是实例。

图4-52 可移动的椅子和桌子

实例故事：

尹问特的椅子后背角度是固定的，学了动态化原理后，他尝试把后背设计成可调的，以根据需要调整，使不同的人坐着都很舒适，如图4-53所示。同样，他还想利用这个原理将椅子设计成可以移动的，如在椅脚下面加滚轮。

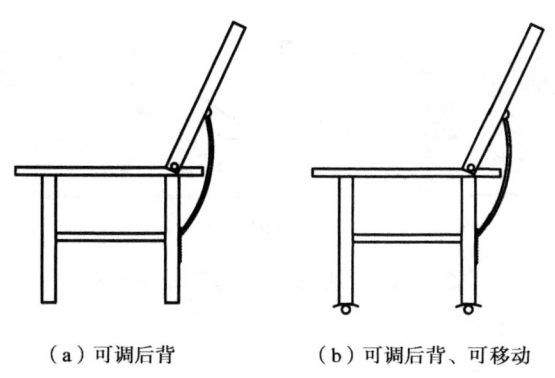

（a）可调后背　　　（b）可调后背、可移动

图4-53 可调后背的椅子

16. 多退少补

多退少补：运用"多于"或"少于"所需的某种作用或物质获得最终结果，在TRIZ中称为不足或过度作用原理，也称局部作用或过量作用法。

具体措施：如果所期望的效果难以完全实现，稍微超过或稍微小于期望效果，会使问题大大简化。该技巧提示我们，当做某件事不能直接取得最佳效果时，可先从容易掌握的情况或者容易获得的东西入手，尝试在"多于"和"少于"之间过渡，或者尝试在"更多""更少"之间渐进调整。

如图4-54所示的两半管结合剖面无法保证完全一样，干脆做一个稍大的凸缘结合面；对零件凹槽喷漆，可以先对零件全部上表面喷漆，再把不需要的外表面的油漆擦掉。

（a）凸缘结合的管道

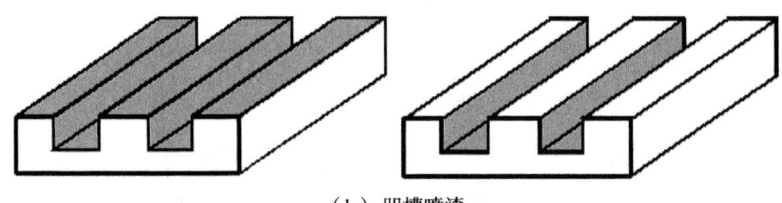

（b）凹槽喷漆

图4-54　不足或过度作用原理实例

实例故事：

尹问特想做一个小蜡兔，需做一个浇注蜡兔的模具，计算出浇满蜡兔的用蜡量是60g，但能刚好熔化60g的蜡吗？显然是不行的，因为容器壁、流道等地方可能会黏附一些熔蜡，所以根据不足或过度作用原理，要多准备一些熔蜡，如图4-55所示。

旅程四　发明技巧40计

图4-55　蜡兔浇注

17. 山不转水转

山不转水转：改变线性系统的方位，使垂直变成水平、水平变成对角线、水平变成垂直等，在TRIZ理论中称为维数变化原理，也称多维法。

具体措施：①一维过渡到二维，或者二维过渡到三维空间；②利用多层结构替代单层结构；③将物体倾斜或侧置；④利用指定面的反面或者相邻面；⑤利用投向相邻面或反面的光线。该技巧提示我们，考虑改善空间的使用效率、可达性等。如果将物体转换到新的维度上还不能满足要求，则需要对其进行第二次或多次转换，或考虑使用物体的另外一个面。

对于措施①，将一维过渡到二维，或者将二维过渡到三维空间，如将二维的停车场改为立体的车库，如图4-56所示，会大幅节省空间。还有五轴机床等也是典型的实例。

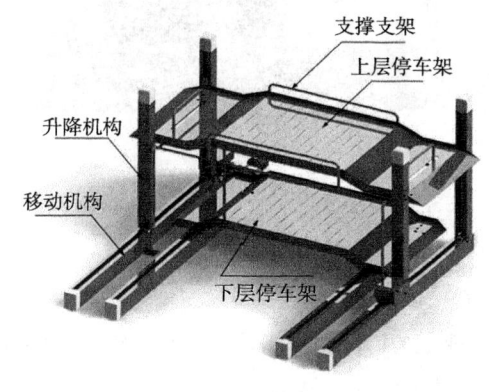

（a）立体车库

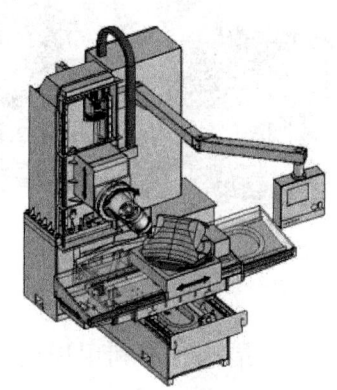

（b）五轴机床

图4-56　立体车库与五轴机床

61

对于措施②，利用多层结构替代单层结构，如图4-57所示的多层印刷电路板和多刀刃剪刀即是如此。还有多层CD机、多层抽屉等也是实例。

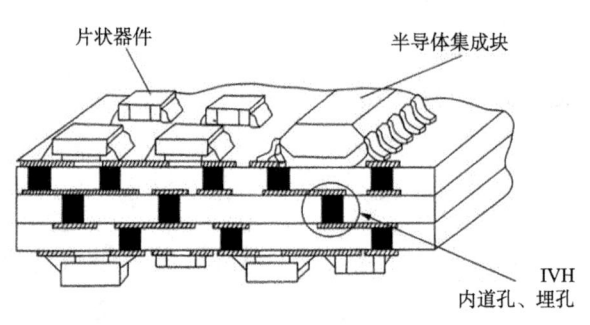

（a）多层印刷电路板　　　　　　　　　（b）多刀刃剪刀

图4-57　多层印刷电路板与多刀刃剪刀

对于措施③，将物体倾斜或侧置，如图4-58所示的自卸车即是如此。还有装载货物的斜板等也是实例。

（a）后卸　　　　　　　　　　　　（b）侧卸

图4-58　自卸车

对于措施④，利用指定面的反面或者相邻面，如双面胶、内外两面穿的衣服（图4-59）以及双面打印等均是实例。

（a）双面胶　　　　　　　　（b）双面衣

图4-59　双面胶与两面穿的衣服

对于措施⑤，利用投向相邻面或反面的光线，如图4-60所示的太阳能暖房就利用了照在太阳能接收器相邻面上的光线。

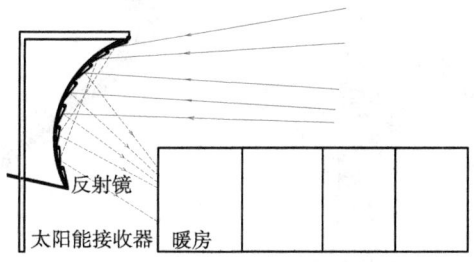

图4-60　太阳能暖房

实例故事：

尹问特放玩具的柜子分隔比较少，有些空间没有利用，他利用维数变化的原理进一步对柜子分隔，如图4-61所示，这样柜子空间利用率更高，可以放更多的玩具。

图4-61　玩具柜的改进

18. 撼天动地

撼天动地：运用振动或振荡，以便将一种规则的、周期性的变化包含在一个平均值附近，在TRIZ理论中称为振动原理，也称振动法。

具体措施：①使物体振动；②如果已在振动，则提高振动频率（达到超声波频率）；③利用共振频率；④用压电振动替代机械振动；⑤利用超声波振动同电磁场配合。该技巧提示我们，可以考虑利用振动、使物体发生振动、改变振动程度（利用共振）、利用压电振子、利用耦合振动等方法。

对于措施①，利用振动工作，如图4-62所示的振动筛、推剪就是利用往复振动来工作的。

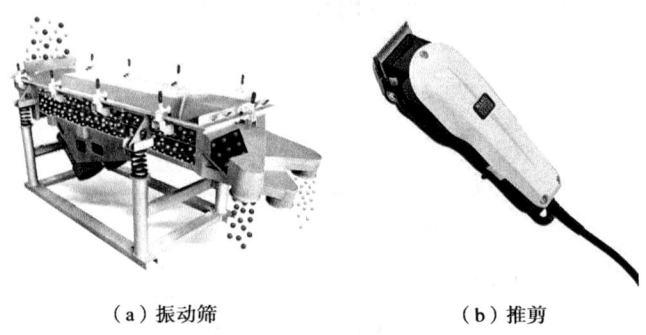

（a）振动筛　　　　　　　　（b）推剪

图4-62　振动筛与推剪

对于措施②，改变振动程度，如加大现有振动程度等来工作，如图4-63所示的超声碎石机与超声清洗机就是利用更高频率的振动来工作的。

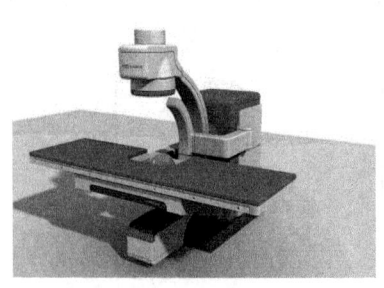 

（a）超声碎石机　　　　　　　　（b）超声清洗机

图4-63　超声碎石机与超声清洗机

对于措施③，利用共振频率，如图4-64所示的地震仪、乐器的共鸣腔就是利用共振频率工作的。还有电路中的谐振、共振爆破等都是应用实例。

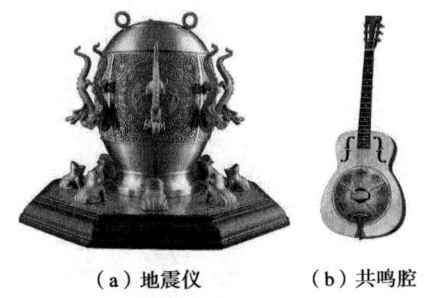

（a）地震仪　　（b）共鸣腔

图4-64　地震仪与共鸣腔

对于措施④，利用压电振动，如图4-65所示的压电扬声器即是实例。

图4-65　压电扬声器

对于措施⑤，利用耦合场，如超声波振动与电磁场配合，如图4-66所示的利用超声波与电磁波耦合搅拌的搅拌器即是如此。

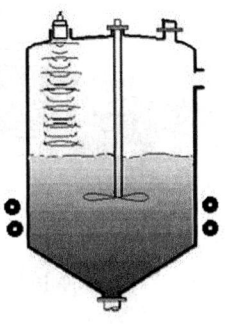

图4-66　耦合搅拌器

实例故事:

振动可以发声,尹问特利用机械振动原理做了一个敲击发声的小木琴,如图4-67所示。

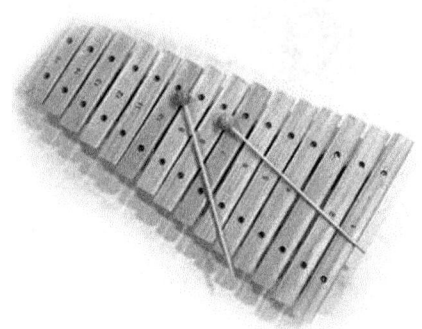

图4-67 小木琴

19. 周而复始

周而复始:改变执行动作的方式,可以获得所需的效果,在TRIZ中称为周期性作用原理,也称离散法。

具体措施:①用周期(脉冲)动作替代连续性动作;②如果已经是周期性动作,则改变周期;③利用脉冲的间歇完成其他动作。该技巧提示我们,可尝试利用动作间隙、改变频率等方式优化产品性能。

对于措施①,用周期(脉冲)动作替代连续性动作,如图4-68所示的雨刮器、冲击钻、蛙式打夯机即是如此。打桩机、汽车的ABS刹车系统等也是应用的实例。

(a)雨刮器　　　　　　(b)冲击钻　　　　　　(c)蛙式打夯机

图4-68 雨刮器、冲击钻、蛙式打夯机

对于措施②，改变周期动作的周期，如图4-69所示的脉冲喷水器和脉冲开关，均可以调整动作的周期。取样示波器等也是应用的实例。

（a）脉冲喷水

（b）脉冲开关

图4-69　脉冲喷水器

对于措施③，利用脉冲的间歇完成其他动作，如图4-70所示，在冲压车间利用冲压的间隙完成上料即是如此。乐队中也利用了其他乐器演奏的空隙敲鼓。

图4-70　冲压机

实例故事：

尹问特学了离散法发明技巧后，发现以前设计的浇花系统连续工作没有必要，可以改为周期性工作，因此他加装了一个定时开关，如图4-71所示。

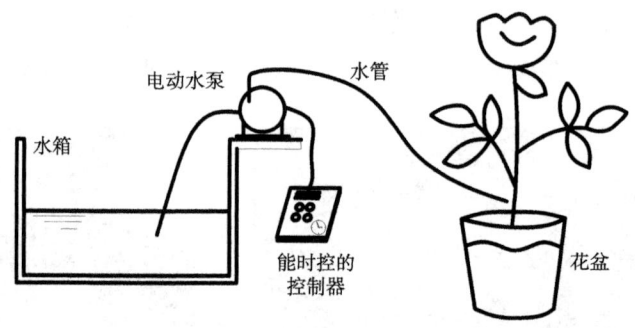

图4-71　周期性浇花器

20. 马不停蹄

马不停蹄：产生连续动作或消除所有空闲及间歇性动作，以提高效率，在TRIZ理论中称为有效作用的连续性原理，也称有效作用持续法。

具体措施：①连续工作（物体的所有部分均满负荷工作）；②消除空转和间歇运转。该技巧提示我们，某些工作要消除物体的空闲部分，或保持连续工作并消除停歇时间。

对于措施①，使物体的各个部分满负荷工作，以提供持续可靠的性能，如图4-72所示的卷笔刀就是使刀片连续工作，圆形菜刀也是让菜刀连续运转，以提高切菜效率。

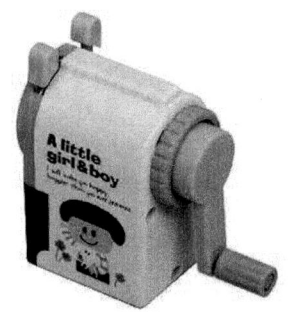
（a）卷笔刀

（b）圆形菜刀

图4-72　卷笔刀与圆形菜刀

对于措施②，消除空转和间歇运转，如图4-73所示的双程打印机与双向打气筒就把打印头与活塞的两个行程都利用起来了。

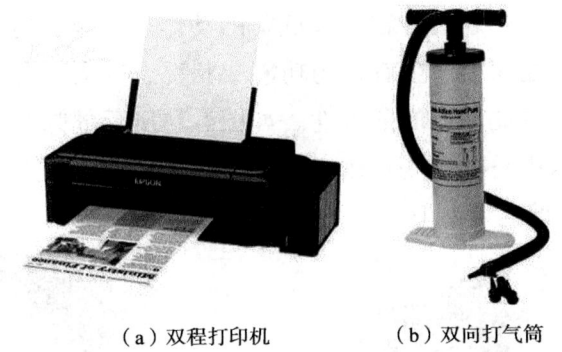

（a）双程打印机　　　（b）双向打气筒

图4-73　双程打印机与双向打气筒

实例故事：

尹问特看到绣花针一头尖另一头有个穿线的孔，工人绣花是用针穿过布，而后掉头穿回来，这个掉头过程影响绣花效率，就想能否改进呢。根据有效作用的连续性原理，可以把针做成两头尖的，引线的孔设置在中间，这样就不用掉头了，使效率得到提升，如图4-74所示。

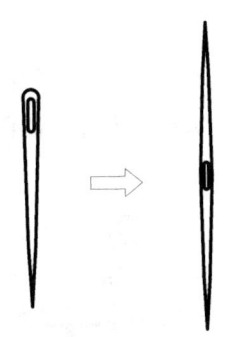

图4-74　绣花针的改进

21. 快刀斩乱麻

快刀斩乱麻：快速执行一个危险或有害的作业，以减少或消除有害的副作用，在TRIZ理论中称为减少有害作用时间原理，也称快速法、急速动作法或减少有害作用时间法。

具体措施：高速越过有害的或危险的动作。该技巧提示我们，当产品在执行某个动作期间会产生有害的功能或状况，则需要考虑各种方式加快这个动作，以减少此动作的危害性。如图4-75所示的闪光灯、电烙铁焊接即是如此。生活中看到的一些现象，如打针、拔牙、快速X射线透视、高速切割等也是如此。

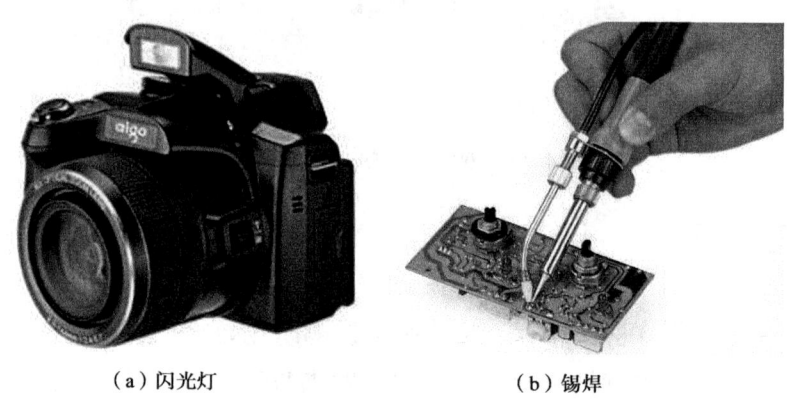

（a）闪光灯　　　　　　　（b）锡焊

图4-75　闪光灯与锡焊

实例故事：

尹问特用手工方法将装瓜子的塑料袋密封，把待封边折叠包在一个钢锯条上，用蜡烛快速烤一下，就将塑料袋封好了，这也利用了上述原理，如图4-76所示。

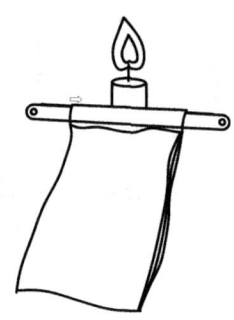

图4-76　塑料袋密封

22. 废物利用

废物利用：利用各种方式从有害物（废物、有害作用）中取得有用的价值，在TRIZ理论中称为变害为利原理，也称变有害为有益法。

具体措施：①利用有害因素（特别是介质的有害作用）获得有益的效果；②通过组合有害因素与另外几个有害因素来消除有害因素；③将有害因素加强，使其不再有害。该技巧提示我们，把不能用的物品改造成能够使用的物品，或者使几种有害作用相互结合以消除有害作用。

对于措施①，利用有害因素（特别是介质的有害作用）获得有益的效果，如图4-77所示的垃圾发电与钢渣制砖即是如此。废品回收、废热发电、废水重利用等也是应用的实例。

（a）垃圾发电　　　　　　　　（b）钢渣制砖

图4-77　垃圾发电与钢渣制砖

对于措施②，将有害作用组合起来，以此消除它们，如以毒攻毒、逆火森林灭火、酸碱中和、同极排斥产生悬浮等即是如此，如图4-78所示。

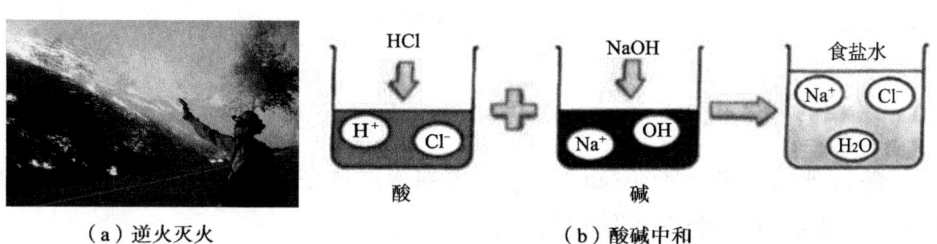

（a）逆火灭火　　　　　　　　（b）酸碱中和

图4-78　逆火灭火与酸碱中和

对于措施③，加大有害作用的幅度，使其不再有害，如图4-79所示的噪声武器即是如此。利用强光的闪爆弹、利用臭味的臭弹等都是应用的实例。

图4-79 噪声武器

实例故事：

尹问特利用家里的废水瓶做了一个花盆，用彩色废水瓶做成一个飞鸟玩具，如图4-80所示。尹问特还想到了一些废物利用，如利用废纸做笔杆、废毛线做杯垫、废硬纸皮做快递包装盒等。

（a）废水瓶制作的花盆　　（b）废水瓶制作的飞鸟玩具

图4-80 废水瓶再利用

23. 察言观色

察言观色：将一种系统的输出作为输入返回系统，以便增强对输出的控制，在TRIZ理论称为反馈原理，也称反馈法。

具体措施：①引入反馈信号；②如果已有反馈，则改变它的大小或作用。该技巧提示我们，要善于利用反馈信息来优化系统的功能。

对于措施①，引入反馈信号，如图4-81所示的钓鱼浮标、仪表盘、光控路灯即是如此。

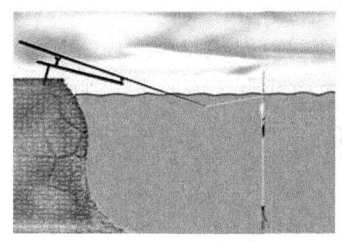  

（a）钓鱼浮标　　　　　　（b）仪表盘　　　　　　（c）光控路灯

图4-81　钓鱼浮标、仪表盘、光控路灯

对于措施②，如果已有反馈，则改变它的大小或作用，如图4-82所示的声控喷泉即是实例，它可以根据音乐改变喷水的节奏。

图4-82　声控喷泉

实例故事：

尹问特晚上睡觉后有时候要起床上厕所，但房间比较暗，不易找到电灯的开关，于是根据反馈原理，改变反馈方式，想到了用声控开关控制，这样就不用担心找不到开关了，只要随便发出一个响声即可。声控开关如图4-83所示。

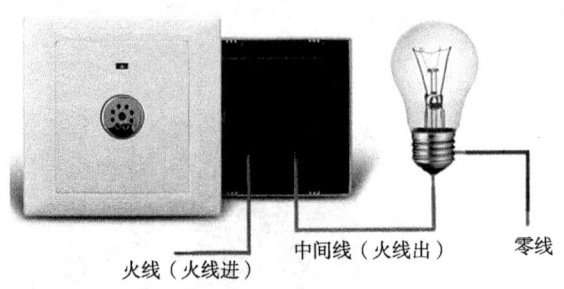

图4-83 声控开关

24. 穿针引线

穿针引线：利用某种可轻松去除的中间载体、阻挡物或过程，在不相容的部分、功能、事件或情况之间经调解或协调而建立的一种临时连接，在TRIZ理论中称为中介物原理，也称中介法。

具体措施：①利用可以迁移或有传送作用的中间物体；②把另一个（易分开的）物体暂时附加给某一物体。该技巧提示我们，要善于利用工具，如在不匹配或有害结构（功能、动作）之间，利用一种临时中介物阻隔这种有害作用。

对于措施①，利用可以迁移或有传送作用的中间物体，如图4-84所示的弹古筝的拨子、轴与轴承座之间的轴承、钻孔的导套即是如此。托盘、吸管、镊子等工具也是应用的实例。

（a）古筝拨子

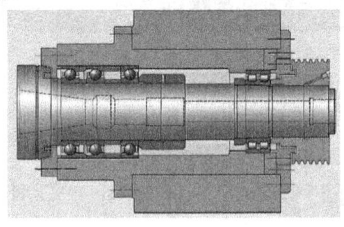
（b）轴承

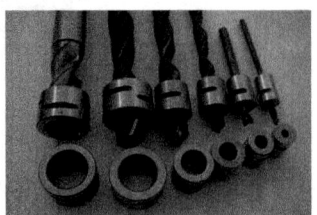
（c）导套

图4-84 中介物原理实例

对于措施②，把另一个（易分开的）物体暂时附加给某一物体，如图4-85所示的PCB覆铜板临时涂漆保护不需蚀刻的部分即是如此。

图4-85　PCB板蚀刻

实例故事：

尹问特的机械手表坏了，他想自己修理，打开后盖一看，里面的零件都很小，不好直接用手抓，得用中介物，想想能夹起小零件的工具就是镊子，如图4-86所示。在这个技巧中尹问特也意识到一些工具就是中介物，充分利用工具（包括设计工具）也可能获得创新的效果。

图4-86　镊子

25. 自动自发

自动自发：在执行主要功能或操作的同时，以协助或并行的方式执行相关功能或操作，在TRIZ理论中称为自服务原理，也称自助法。

具体措施：①物体应当为自我服务，完成辅助和修理工作；②利用废料（能源的和物质的）。该技巧提示我们，要巧妙地利用"自然控制机构"，如利用重力、水力、毛细力等物理、化学或几何效应。

对于措施①，物体应当为自我服务，完成辅助和修理工作，如图4-87所示的风电路灯、转动洒水喷头、皮带自动张紧机构即是如此。

（a）风电路灯　　　　（b）转动洒水喷头　　　　（c）皮带自动张紧机构

图4-87　自服务原理实例

对于措施②，利用废料（能源的和物质的），如图4-88所示的电厂的废热回收装置即是实例，可以用来加热水，供职工洗浴。

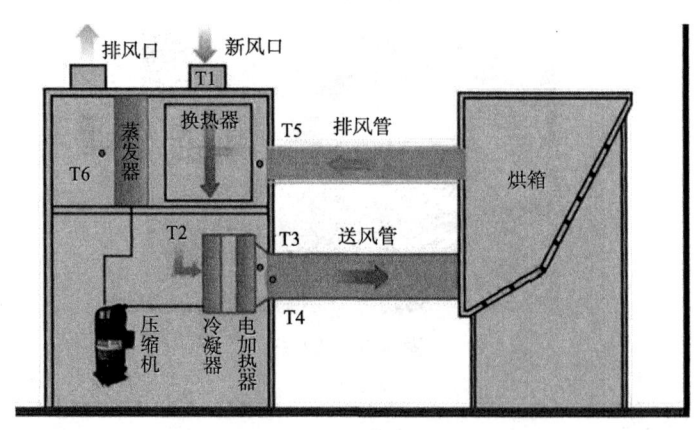

图4-88　废热回收装置

实例故事：

尹问特发现有很多装置与这个原理相关，如自动铅笔、红外感应的水龙头、不倒翁玩具等，他也想对洗浴废水的热能加以利用，找到了如

图4-89所示的洗浴废水的热能利用系统,通过洗浴废水的热能驱动机组为空调提供冷源。

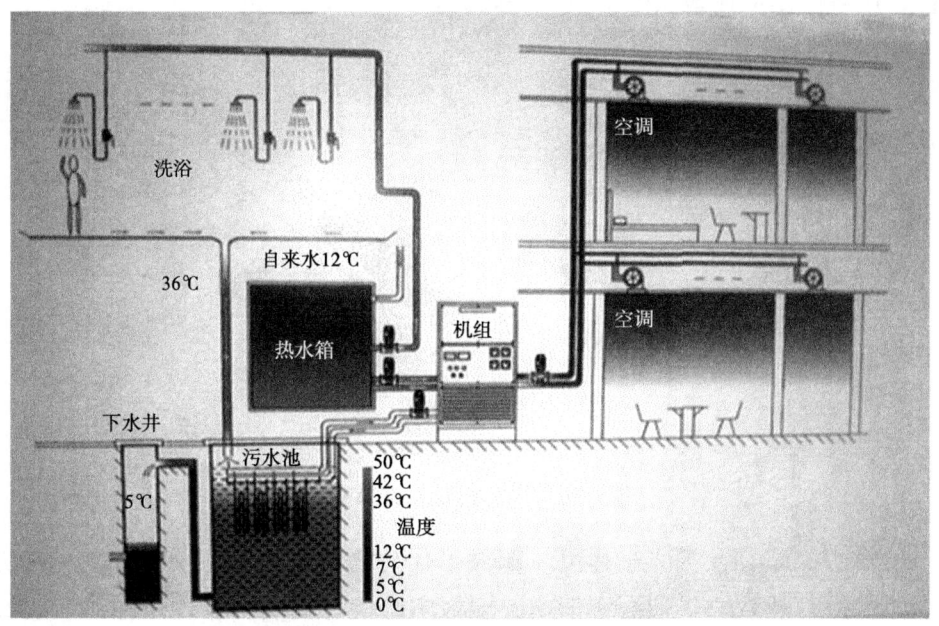

图4-89　洗浴废水的再利用

26. 以假乱真

以假乱真:利用一个拷贝、复制品或模型来代替因成本过高而不能使用的事物,在TRIZ理论中称为复制原理,也称复制法。

具体措施:①用简单而便宜的复制品代替难以得到的、复杂的、昂贵的、不方便的或易损坏的物体;②用光学拷贝(图像)代替物体或物体系统,此时可改变比例(放大或缩小复制品);③如果利用可见光的复制品,则转为复制红外线或紫外线。该技巧提示我们,复制其实就是一种映射,可以用多种手段实现复制,如实物缩比模型、计算机模型、数学模型等。注意要考虑复制物的比例。复制还应包括对原理的移植,如将汽车玻璃升降机构移植到房间的窗户上,做成可以使玻璃收进下侧墙体的窗户模块,就可以解决擦玻璃的麻烦。

对于措施①，用简单而便宜的复制品代替难以得到的、复杂的、昂贵的、不方便的或易损坏的物体，如图4-90所示，用汽车模型代替汽车做分析、用数值模拟代替实际实验即是如此。

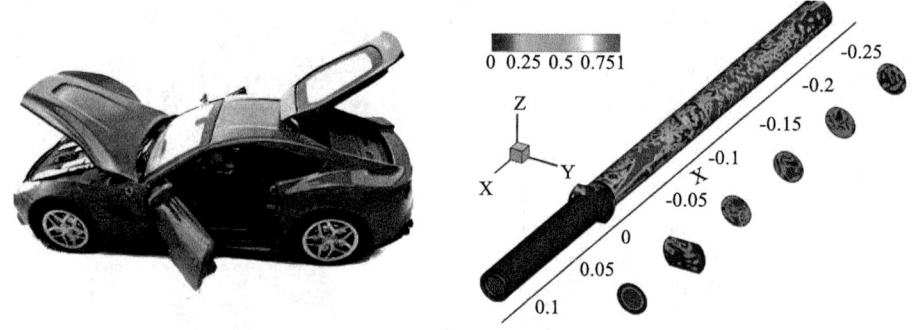

（a）汽车模型　　　　　　　　　　（b）数值模拟

图4-90　汽车模型与数值模拟

对于措施②，用光学拷贝（图像）代替物体或物体系统，如图4-91所示的虚拟驾驶系统代替真实学车、虚拟实验代替真实实验即是如此。虚拟现实技术、网上旅游、网上视频教学等也是与此措施相关的例子。

（a）虚拟驾驶　　　　　　　　　　（b）虚拟装配

图4-91　虚拟驾驶与虚拟装配

对于措施③，如果利用了可见光的复制品，则转为复制红外线或紫外线，如图4-92所示的红外夜视仪、紫外线杀蚊灯即是如此。

（a）夜视仪　　　　　　　　　（b）杀蚊灯

图4-92　夜视仪与杀蚊灯

实例故事：

尹问特学习了复制原理后，发现以前一些没有解答的问题有答案了，如测量广州到北京的距离可以借助地图，测量广州塔的高度可以利用它的影子。一次他看到运行货车上装了很多原木，如何测量这些原木呢？他想到了用照相的方法，如图4-93所示。

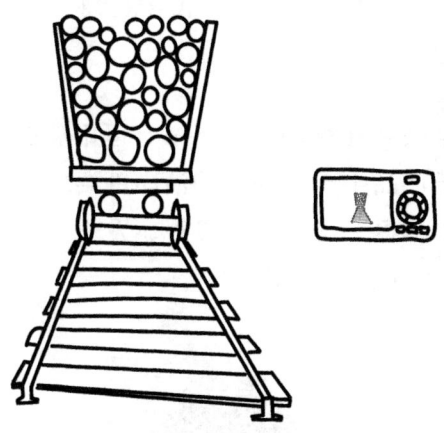

图4-93　运行货车上原木的测量

27. 改头换面

改头换面：选用廉价的、较简单的或较易处理的对象，以降低成本、增强便利性、延长使用寿命等，在TRIZ理论中称为廉价替代原理，也称替代法。

具体措施：依据廉价的不持久性代替昂贵的持久性原则，用一组廉价物体代替一个昂贵物体，放弃某些品质（如持久性）。该技巧提示我们，可用简单替代复杂，廉价替代昂贵，"短命"替代"长寿"。替代的对象不仅是机器、设备和工具，也可以是信息、能量、人及过程。

如图4-94所示的一次性餐具、酒店一次性用品即是替代品。一次性注射器、尿不湿等也是替代品。

 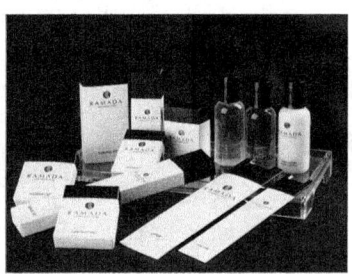

（a）一次性餐具　　　　　（b）酒店一次性用品

图4-94　廉价替代原理实例

实例故事：

尹问特发现这个技巧在很多情形下都有运用。例如，他初次去一家电子厂参观，由于电子产品生产对环境的洁净度要求极高，进入车间需要换上干净的拖鞋。后来他再去这家工厂参观，发现不用换鞋了，而是直接套上一次性鞋套（图4-95），方便了很多。

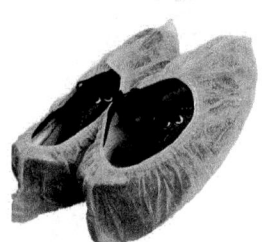

图4-95　一次性鞋套

28. 李代桃僵

李代桃僵：利用物理场或其他的形式、作用和状态来代替机械的相互作用、装置、机构及系统，在TRIZ理论中称为机械系统替代原理，也称系统替代法。

具体措施：①用光学、声学、味学等系统代替机械系统；②用电场、磁场和电磁场同物体相互作用；③由恒定场转向不定场，由时间固定的场转向时间变化的场，由无结构的场转向有一定结构的场；④利用铁磁颗粒组成的场。该技巧提示我们，考虑用物理场代替机械场，可变场代替恒定场，结构化场代替非结构化场，生物场代替机械作用。在非物理系统中，概念、价值或属性都可以是被替代的对象。

对于措施①，用光学、声学、味学等系统代替机械系统，如投影键盘、超声波洗碗机即是如此，如图4-96所示。

（a）投影键盘　　　　　　（b）超声波洗碗机

图4-96　投影键盘与超声波洗碗机

对于措施②，用电场、磁场和电磁场同物体相互作用，如图4-97所示的磁力搅拌器与电磁阀即是如此。

（a）磁力搅拌器　　　　　　（b）电磁阀

图4-97　磁力搅拌器与电磁阀

对于措施③,由恒定场变为不定场,由时间固定的场变为时间变化的场,由无结构的场变为有一定结构的场,如图4-98所示的交流电磁铁即是如此。

图4-98 交流电磁铁

对于措施④,利用铁磁颗粒组成的场,如图4-99所示的铁磁流体即是如此。

图4-99 铁磁流体

实例故事:

尹问特学校的实验室内有一个压紧机构是用曲柄滑块机构实现的,根据替代原理,他很快想到了运用电磁方法使结构简单且更容易控制,如图4-100所示。

图4-100 电磁夹紧机构

29. 水涨船高

水涨船高：运用液压或气动技术替代普通系统元件或功能，在TRIZ理论中称为气压和液压结构原理，也称压力法。

具体措施：用气体结构和液体结构代替物体的固体部分，如充气和充液的结构，以及静液的和液体反冲的结构。该技巧提示我们，考虑产品系统中是否包含具有可压缩性、流动、湍流、弹性及能量吸收等属性的元件，可以用气动或液压元件代替这些元件。

如图4-101所示的充气床、气垫船、空气阻尼器、液压千斤顶均是利用气动或液压结构的实例。

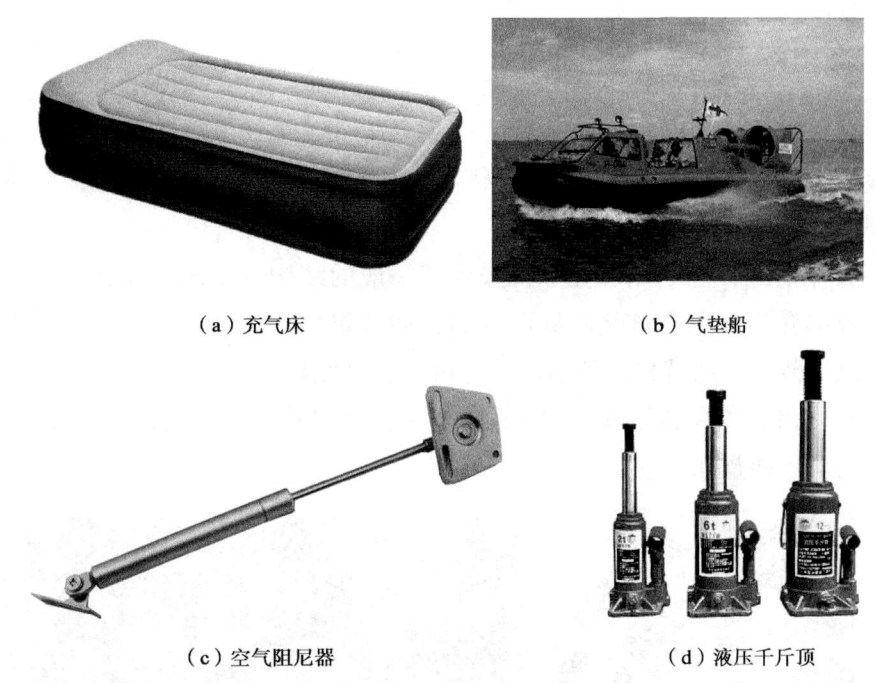

（a）充气床　　　　　　　　　（b）气垫船

（c）空气阻尼器　　　　　　　（d）液压千斤顶

图4-101　利用气动与液压结构的实例

实例故事：

尹问特看到有些扭伤病人打着固定石膏，行动很不方便，学习了气压和液压原理后，就想到用充气的塑料护体替代石膏，这样轻便性和舒适性有了明显改善，如图4-102所示。

图4-102　充气的塑料护体

30. 薄如蝉翼

薄如蝉翼：将传统构造替代为薄膜或柔性、柔韧壳体构造，或者利用薄膜或柔韧壳体使物体与其环境隔离，在TRIZ理论中称为柔性壳体或薄膜原理，也称柔化法。

具体措施：①利用软壳和薄膜代替一般的结构；②用软壳和薄膜使物体同外部介质隔离。该技巧提示我们，如果想把物品与周围的环境隔离，或者想用薄的物品替代厚的物品，均可以尝试此技巧。

对于措施①，利用软壳和薄膜代替一般的结构，如图4-103所示的薄膜开关与幕布即是如此。

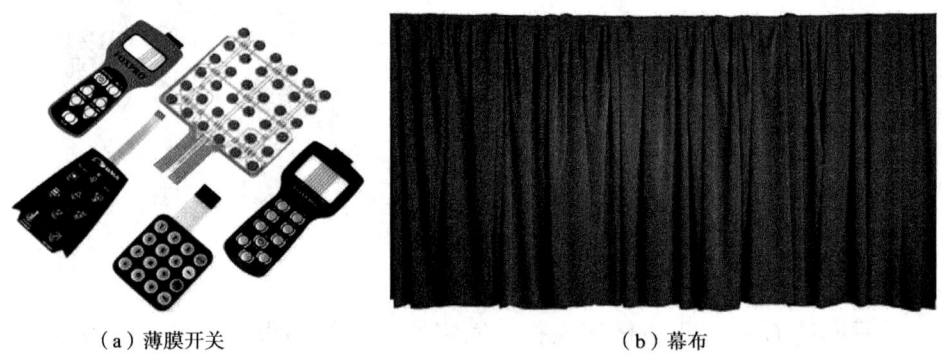

（a）薄膜开关　　　　　　　　　　（b）幕布

图4-103　薄膜开关与幕布

对于措施②，用软壳和薄膜使物体同外部介质隔离，如图4-104所示的水上行走球、保鲜膜及保温棚即是如此。

（a）水上行走球　　　　　（b）保鲜膜　　　　　　（c）保温棚

图4-104　水上行走球、保鲜膜与保温棚

实例故事：

尹问特发现家里的油瓶用完后油污不易清洗，不利于油瓶回收利用，于是他根据薄膜原理设计了一个油瓶内膜，当油瓶中的油用完后，扯掉内膜，重新装内膜后再装油，就不用费力清洗油瓶了，如图4-105所示。

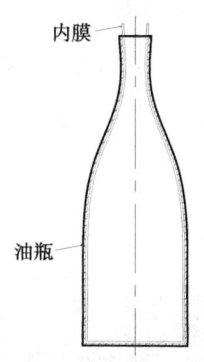

图4-105　油瓶内膜

31. 无孔不入

无孔不入：通过在材料或物体中打孔、开空腔或通道来增强其多孔性，从而改变某种气体、液体或固体的形态，在TRIZ理论中称为多孔材料

原理，也称孔化法。

具体措施：①把物体做成多孔的或利用附加多孔元件（镶嵌、覆盖）等；②如果物体是多孔的，事先用某种物质填充空孔。该技巧提示我们，可以考虑使用多孔结构代替普通结构，使用孔穴、气泡、毛细管等孔隙结构时其中可以真空，也可以充满某种有用的气体、液体或固体。

对于措施①，把物体做成多孔的或利用附加多孔元件（镶嵌、覆盖）等，如图4-106所示的过滤钢渣的多孔陶瓷、海绵、滤布即是如此。生活中还有纱窗、环保钢丝网、微波炉网眼、过滤烟嘴、蚊帐、竹筐泡沫金属等多孔材料或容器，发挥着过滤、隔离等特殊作用。

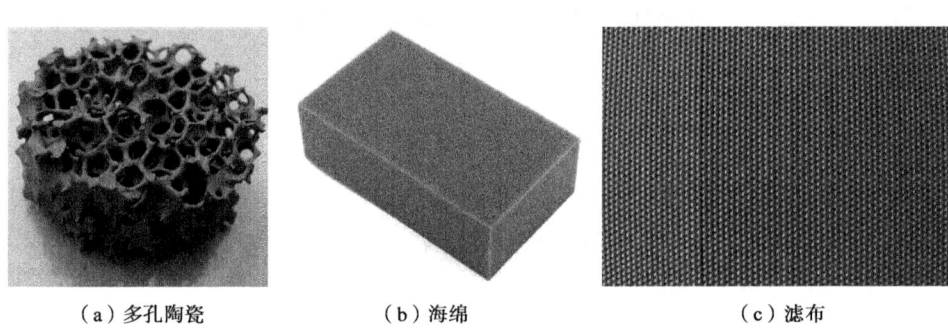

(a) 多孔陶瓷　　　　(b) 海绵　　　　(c) 滤布

图4-106　多孔陶瓷、海绵及滤布

对于措施②，如果物体是多孔的，事先用某种物质填充，如图4-107所示的热管内吸液芯中充填物质，棉花加酒精制成酒精药棉即是如此。用海绵储存液态氮等也是应用的实例。

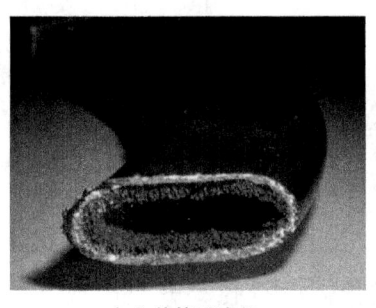 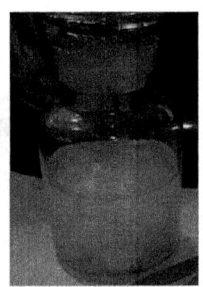

(a) 热管吸液芯　　　　(b) 酒精药棉

图4-107　热管吸液芯与酒精药棉

实例故事：

尹问特的妈妈买到了一些比较便宜的豆子，但回家一看其中含有一些砂粒，如何将其中的砂粒分离出来呢？尹问特想到了多孔材料原理，用一个网孔小于豆子直径但大于砂粒的钢丝网做一个筛子，就可以筛分豆子中的砂粒了，如图4-108所示。

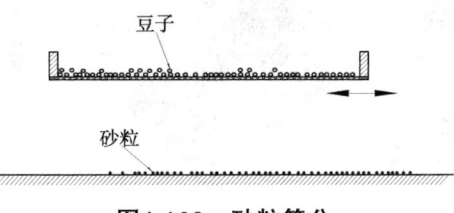

图4-108　砂粒筛分

32. 五光十色

五光十色：通过改变对象或系统的颜色来提升系统的价值或解决检测问题，在TRIZ理论中称为改变颜色原理，也称色彩法。

具体措施：①改变物体或外部介质的颜色；②改变物体或外部介质的透明度；③为了观察难以看到的物体或过程，利用染色添加剂；④如果已采用了这种添加剂，则采用荧光粉。该技巧提示我们，区别多种系统的特征（如易于检测、改善测量或标识位置、指示状态改变、目视控制等）时，可以考虑使用此原理。

对于措施①，改变物体或外部介质的颜色，如图4-109所示的示温杯、pH试纸即是如此。示温油漆、迷彩服、变色眼镜、变色玻璃等也是如此。

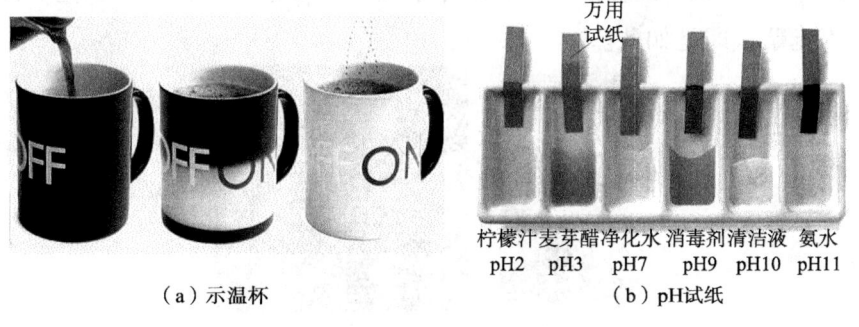

（a）示温杯　　　　　　　（b）pH试纸

图4-109　示温杯与pH试纸

对于措施②，改变物体或外部介质的透明度，如图4-110所示的透明创可贴、透明模具、透明手表即是如此。透明空气滤清器、透明容器等也是应用的实例。

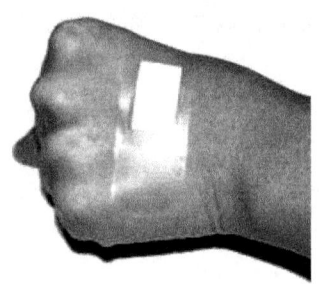  

（a）透明创可贴　　　　（b）透明模具　　　　（c）透明手表

图4-110　透明结构

对于措施③，为了观察难以看到的物体或过程，利用染色添加剂，如图4-111所示，流体实验中添加示踪剂即是如此。

图4-111　示踪剂

对于措施④，如果已采用了这种添加剂，则采用荧光粉，如图4-112所示的夜光贴纸即是如此。

图4-112　夜光贴纸

实例故事：

尹问特看到现有的调光灯可以调节光照，但这种单色光照还是会对眼睛产生刺激，引发疲劳，易造成近视。他想到了改变颜色原理，于是设计了一种能够自动改变灯光颜色的保健灯，主光为淡黄色，次光为绿色，当人们在黄色主光下工作了一段时间后，自动转换到次光绿色，迫使人们的眼睛得到休息，预防近视，如图4-113所示。

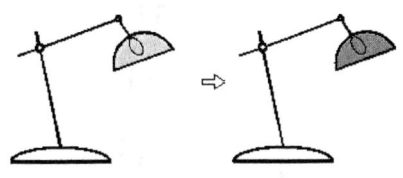

图4-113 变色保健灯

33．物以类聚

物以类聚：若两个或多个物体及两种或多种物质彼此相互作用，则其应包含相同的材料、能量或信息，在TRIZ理论中称为同质性原理，也称均质化法。

具体措施：两个相互作用的物体，应当用相同材料或特性相近的材料制成。该技巧提示我们，寻找材料间的等同性，即几种材料的属性相同或者接近，则几种材料在一起使用不会产生有害的结果。

如图4-114所示分别是钻石加工用金刚石刀具、补胎用同一种橡胶、焊接时用与被焊材料一致的焊条，它们都是"物以类聚"的实例。又如手术中使用与人体材料相近的羊肠线来缝合伤口也是如此。

 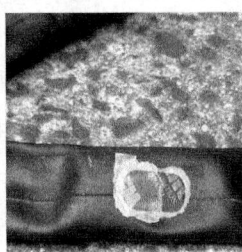 

（a）金刚石刀具　　　　　（b）补胎橡胶　　　　　（c）焊条

图4-114 同质性原理实例

实例故事:

尹问特夏天很喜欢吃雪糕,但看到木质的雪糕柄既对环境造成污染,又浪费大量的木材,根据同质性原理,如果采用可食用材料制成雪糕柄,如食用淀粉,这样既环保又可以食用,如图4-115所示。

图4-115 淀粉雪糕柄

34. 自生自灭

自生自灭:抛弃原理与修复原理的结合。抛弃是指从系统中去除某物,修复是将某事物恢复到系统中再利用,在TRIZ理论中称为抛弃与修复原理,也称自生自弃法。

具体措施:①采用溶解、蒸发等手段抛弃已完成功能的零部件,或者在系统运行过程中直接修改它们;②在工作过程中迅速补充系统或物体中消耗的部分。该技巧提示我们,当系统中某个零部件的功能已经完成,可从系统中去除,或者对其进行恢复以再利用。

对于措施①,采用溶解、蒸发等手段抛弃已完成功能的零部件,或在系统运行过程中直接修改它们,如图4-116所示的子弹壳与胶囊即是如此,又如美工刀的一段变钝后就直接掰掉这一段。

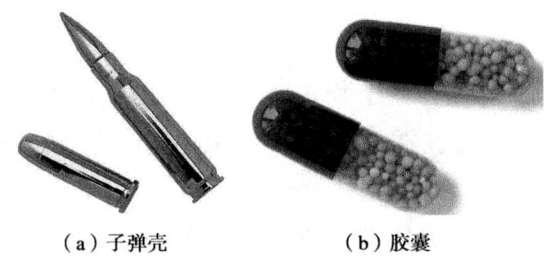

(a) 子弹壳　　　　(b) 胶囊

图4-116　子弹壳与胶囊

对于措施②，在工作过程中迅速补充系统或物体中消耗的部分，如图4-117所示的自动铅笔与自动饮水机即是如此。

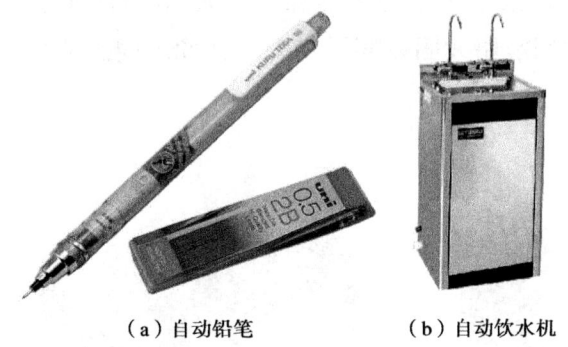

(a) 自动铅笔　　　　(b) 自动饮水机

图4-117　自动铅笔与自动饮水机

实例故事：

尹问特看到妈妈每天洗碗很辛苦，能否设计一种碗和碟，吃完饭就自动消失呢？他根据抛弃或再生原理和前面的同质性原理，设想做一种可以直接吃掉的材料做成的碗和碟。他用玉米加食用胶结合做成碗，吃完饭就直接把碗和碟当零食吃掉，省掉了洗碗的麻烦，如图4-118所示。

(a) 玉米与食用胶　　　　(b) 淀粉油炸

图4-118　可食用的碗与碟

35. 随机应变

随机应变：通过改变一个物体或系统的属性（物理或化学参数），来提供一种有用的益处，在TRIZ理论中称为参数变化原理，也称性能转换法。

具体措施：①改变聚集态（物态）；②改变浓度或密度；③改变柔度；④改变温度或体积。该技巧提示我们，可以考虑改变系统或物品的各种属性（物理或化学状态、密度、导电性、机械柔性、温度、几何结构等）以实现系统的新功能。

对于措施①，改变聚集态（物态），如图4-119所示，肥皂变为洗衣液，润滑油变为润滑脂或固体润滑粉即是如此。固态的二氧化碳、固体酱油、酒心巧克力等都是实例。

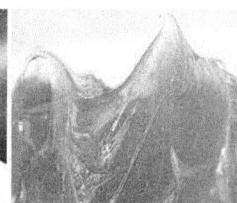

（a）从肥皂到洗衣液　　　　　　　　（b）润滑油到润滑脂、润滑粉

图4-119　洗涤剂与润滑剂

对于措施②，改变浓度或密度，如图4-120所示的压缩饼干与浓汤等即是如此。

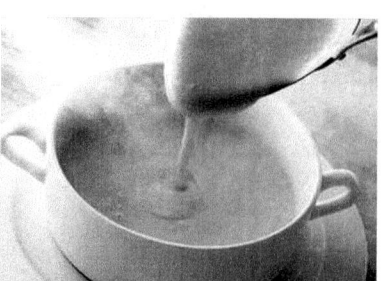

（a）压缩饼干　　　　　　　　（b）浓汤

图4-120　压缩饼干与浓汤

对于措施③，改变柔度，如采用图4-121所示的软轴，可以将转动传递到任意方向。

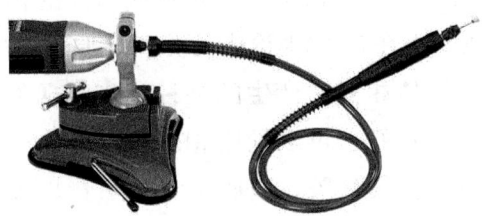

图4-121　软轴

对于措施④，改变温度或体积，如图4-122所示的烹调，改变食物的温度使食物可以食用即使如此。硫化橡胶、金属冶炼等均是实例。

图4-122　烹调

实例故事：

现有的单车多数是坐着骑行，不够舒适。尹问特根据随机应变法改变单车的参数，设计出了躺着骑行的单车，如图4-123所示。

图4-123　躺着骑行的自行车

36. 沧海桑田

沧海桑田（变化巨大）：利用一种材料或情况的相变来实现某种效应或产生某种系统的改变，在TRIZ理论中称为相变原理，也称形态改变法。

具体措施：利用物体相变时产生的某种效应或现象（体积变化、吸热或放热）。该技巧提示我们，可以利用相变过程（如气、液、固体之间的转换过程或反过程）产生气溶胶、吸收或释放热量、改变体积并产生一种有用的力。如图4-124所示，液化气、干冰灭火器、结冰膨胀致玻璃瓶破裂、热管相变散热即是如此。用相变法分离氧气和氮气、用干冰制造舞台烟雾效果等都是实例。

（a）液化气　（b）灭火器　（c）冰膨瓶裂　（d）热管散热

图4-124　相变原理应用实例

实例故事：

尹问特一次洗碗时将两个碗卡在一起，它们之间有些缝隙，但用螺丝刀也撬不开。他利用相变原理，通过缝隙往碗里注一些水，放入冰箱的冷冻层，过一阵拿出来，由于水结冰膨胀，就把套紧的碗顶出来了，如图4-125所示。

图4-125　水结冰顶出被套的碗

37. 热胀冷缩

热胀冷缩：利用对象受热膨胀的原理将热能转换为机械能或机械作用，在TRIZ理论中称为热膨胀原理，也称热膨胀法。

具体措施：①利用材料的热膨胀或热收缩；②利用一些热膨胀系数不同的材料。该技巧提示我们，可以充分考虑利用正向或负向的热膨胀，同时热膨胀不只限于热场，可以考虑重力、气压、海拔变化或者光线变化等引起的热膨胀（收缩）。

对于措施①，利用材料的热膨胀或热收缩，如图4-126所示，温度计、发动机热膨胀做功即是如此。高压锅、日光灯启辉器等也是利用热膨胀工作的实例。

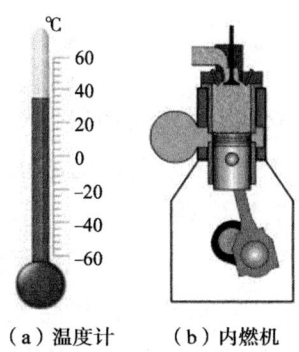

（a）温度计　　（b）内燃机

图4-126　温度计与内燃机

对于措施②，利用一些热膨胀系数不同的材料，如图4-127所示的双金属片开关即是如此。

图4-127 双金属片开关

实例故事：

尹问特懂得了热膨胀原理后，就想根据这个原理设计一个新产品。他看到杯子装开水后比较烫，前面虽然根据改变颜色原理设计出了示温的杯子，但仅有温度显示还不够完善，利用热膨胀原理，杯子内装了开水，杯壁就变形变厚，这样既知道杯子内装的是开水，也照样能够拿在手里，如图4-128所示。

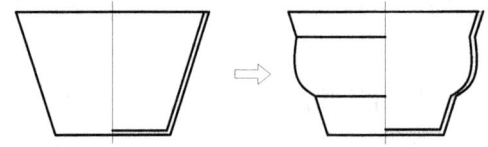

图4-128 热变形杯

38. 推波助澜

推波助澜：通过加速氧化过程或增加氧化作用强度改善系统的作用或功能，在TRIZ理论中称为加速氧化原理，也称逐级氧化法。

具体措施：①用富氧空气代替普通空气；②用氧气替换富氧空气；③将电离辐射作用于空气或氧气；④用臭氧化了的氧气；⑤用臭氧替换臭氧化的或电离的氧气。该技巧提示我们，提高氧化水平可以考虑空气→富含氧气的空气→纯氧→电离化氧气→臭氧的次序。在非物理系统中，"氧化剂"可以是能够导致过程加速或失稳的任何外部元素。

对于措施①，用富氧空气代替普通空气，如图4-129所示的鼓风灶与富氧炼钢即是如此。

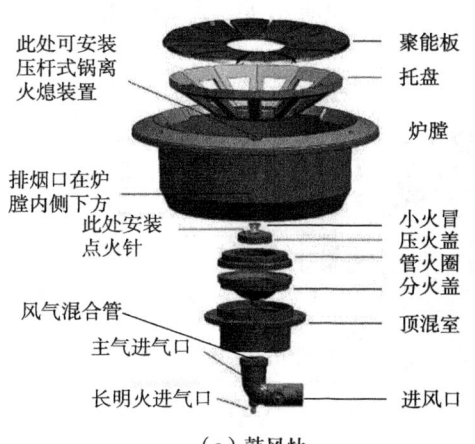 

图4-129　鼓风灶与富氧炼钢

对于措施②，用氧气替换富氧空气，如图4-130所示的乙炔焰氧切割即是如此。

图4-130　乙炔焰氧切割

对于措施③，将电离辐射作用于空气或氧气，如图4-131所示的负氧离子空气清新机即是如此。

图4-131　负氧离子空气清新机

对于措施④，用臭氧化了的氧气，如图4-132所示的臭氧-氧气一体化机即是如此。

图4-132　臭氧-氧气一体化机

对于措施⑤，用臭氧替换臭氧化的或电离的氧气，臭氧可以用于杀菌、消毒、环境治理等，如图4-133所示的臭氧消毒机即是如此。

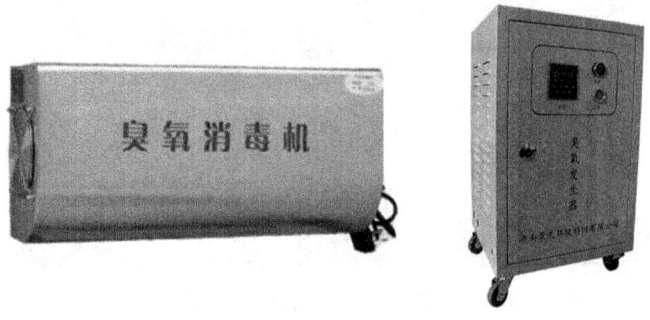

图4-133　臭氧消毒机

实例故事：

学习了这个技巧，尹问特明白了氧气和臭氧的重要作用了，他看到皮鞋穿过之后有异味，于是想到了采用臭氧杀灭鞋子内的细菌，进而抑制异味。他的设计思路：在鞋跟内设置一个塑料盒，盒内安装压电陶瓷器件，盒子底部设置一根销轴，在销轴上装有传动杆，传动杆与传动板连接，当穿鞋走路时，其压力通过传动板压迫压电陶瓷，产生压电效应，利用火花电极产生臭氧，如图4-134所示。

图4-134　臭氧消毒鞋

39. 孟母三迁

孟母三迁（环境的重要性）：制造一种中性（惰性）环境，以便支持所需功能，在TRIZ理论中称为惰性环境原理，也称惰性环境法。

具体措施：①用惰性介质代替普通介质；②在真空中进行某过程。该技巧提示我们，当营造惰性环境时，可以考虑真空、惰性气体（液体或固体）。固体惰性环境包括中性涂层、微粒或要素，同时要考虑"不产生有害作用的环境"。

对于措施①，用惰性介质代替普通介质，如图4-135所示的霓虹灯与充气包装即是如此。氩气保护焊接、充满氩气的白炽灯、环境稳定的惰性气体操作箱等都是应用实例。

（a）霓虹灯

（b）充气包装

图4-135　霓虹灯与充气包装

对于措施②，在真空中进行某过程，如图4-136所示的真空包装与真空炉即是如此。真空冶炼、真空镀膜机等都是应用实例。

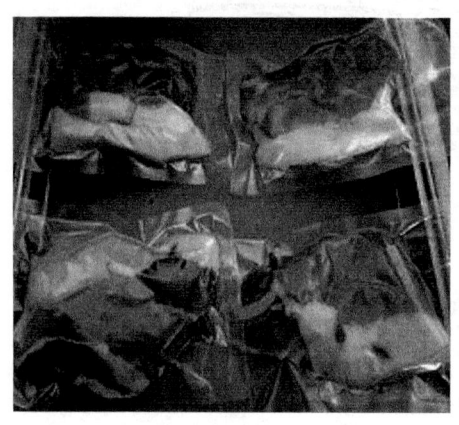
（a）真空包装

（b）真空炉

图4-136　真空包装与真空炉

实例故事：

尹问特看到很多公司开放办公虽然节省办公空间、有利于职员沟通，但降低了办公效率，于是他根据惰性环境原理，设计出一个个隔离的易拆的办公空间，可以满足部分员工特别安静的需求，如图4-137所示。

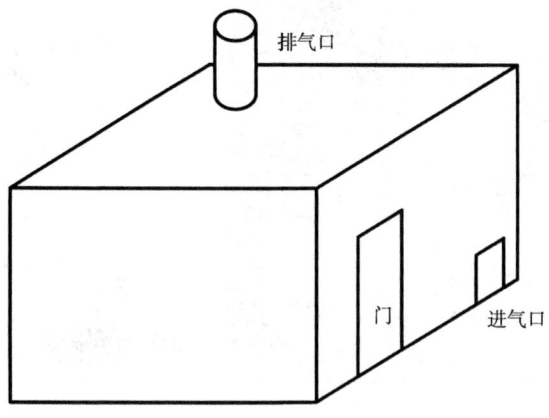

图4-137　易拆的独立办公室

40. 相辅相成

相辅相成：将两种或多种不同的材料或服务紧密结合在一起，形成复合材料，在TRIZ理论中称为复合材料原理，也称复合材料法。

具体措施：由同种材料转为复合材料。该技巧提示我们，可以考虑改变材料成分，没有分层时可以考虑分层，没有增强纤维时可以考虑增强纤维或各种材料等。

如图4-138所示的铁基瓷的搪瓷杯、玻璃纤维的冲浪板，还有制造飞机外壳的复合材料、多层防弹衣、复合实木地板、高速列车玻璃钢制成的流线形车头、混纺地毯等即是如此。

（a）搪瓷杯　　　　　　　（b）冲浪板

图4-138　搪瓷杯与冲浪板

实例故事：

尹问特看到家里的塑料水管容易老化，学了复合材料原理后，考虑使用不同材料制造水管。他查阅了一些资料，设计了一种复合材料水管，如图4-139所示。

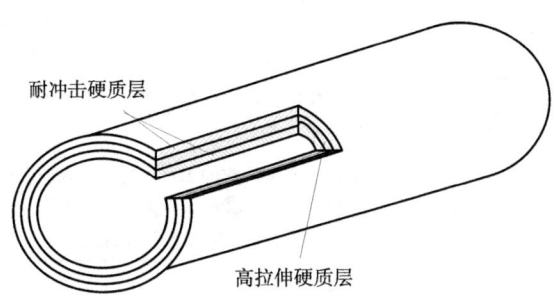

图4-139　复合材料水管

41. 发明技巧回顾

好了，我们已经学完了40个发明技巧，现在回顾下这40个发明技巧，如表4-1所示，以方便大家快速查阅。

表 4-1 发明技巧汇总

序号	技巧	对应的发明原理	具体措施
1	化整为零	分割	①将物体分成相互独立的部分；②将物体分成容易组装和拆卸的部分；③增加物体的可分性
2	披沙捡金	抽取	①从物体中抽出有负面影响的部分或属性，加以隔离；②从物体中抽取必要的部分，做成新产品
3	天方地圆	局部质量	①将物体、外部环境或作用的均匀结构改变为不均匀结构；②使物体的不同部分具有不同的功能；③使物体的各部分处于完成其功能的最佳状态
4	以偏概全	不对称	①把原来对称的物体修改为不对称的结构；②增加不对称物体的不对称程度
5	珠联璧合	组合	①把空间相邻的物体或相邻的操作联合起来；②把时间上相同的物品或相邻的操作联合起来
6	一专多能	多用性	①使物体具备多个功能；②如果某个物体的功能被取代，则该物体可以被裁剪
7	层出不穷	嵌套	①一个物体位于另一物体之内，而后者又位于第三个物体之内，以此类推；②一个物体通过另一个物体的空腔
8	分庭抗礼	重量补偿	①将物体与具有上升力的另一物体结合以抵消其重力；②将物体与介质（最好是气动力和液动力）相互作用以抵消其重力
9	先发制人	预加反作用	①事先施加机械应力，以抵消工作状态下不期望的过大应力；②如果需要某种相互作用，则事先施加反作用
10	有备无患	预操作	①预先完成要求的作用（整个的或部分的），如加工成半成品；②预先将物体安放妥当，使它们能在所需地点立即完成所需要的作用
11	防患未然	预先防范	以事先准备好的应急手段补偿物品的可靠性，即采用各种手段防止系统发生危险
12	平起平坐	等势性	①使一个系统或加工过程的所有点或方面处于同一水平，以减少重力做功；②在系统内部建立关联，使系统可以支持等势状态；③建立连续或完全互联的组合及关系

续表

序号	技巧	对应的发明原理	具体措施
13	倒行逆施	反向	①用相反的作用代替技术条件规定的作用；②使物体或外部介质的活动部分成为不动的，而使不动的成为可动的；③将物体颠倒
14	毁方投圆	曲面化	①从直线部分过渡到曲线部分，从平面过渡到球面，从正六面体或平行六面体过渡到球形结构；②利用杆、球体、螺旋；③从直线运动过渡到旋转运动，利用离心力
15	一静不如一动	动态化	①改变物体的性质或外部环境，使其工作的每一阶段都达到最佳效果；②将物体分成彼此相对移动的几个部分；③使不动的物体成为动的
16	多退少补	不足或过度作用	如果所希望的效果难以完全实现，稍微超过或稍微低于期望效果，会使问题大大简化
17	山不转水转	维数变化	①一维过渡到二维，或者二维过渡到三维空间；②利用多层结构替代单层结构；③将物体倾斜或侧置；④利用指定面的反面或者相邻面；⑤利用投向相邻面或反面的光线
18	撼天动地	振动	①使物体振动；②改变已振动物体的振动频率（达到超声波频率）；③利用共振频率；④用压电振动替代机械振动；⑤利用超声波振动同电磁场配合
19	周而复始	周期性作用	①用周期（脉冲）动作替代连续性动作；②如果已经是周期性动作，则改变周期性；③利用脉冲的间歇完成其他动作
20	马不停蹄	有效作用的连续性	①连续工作（物体的所有部分均满负荷工作）；②消除空转和间歇运转
21	快刀斩乱麻	减少有害作用时间	高速越过有害的或危险的动作
22	废物利用	变害为利	①利用有害因素（特别是介质的有害作用）获得有益的效果；②通过有害因素与另外几个有害因素的组合来消除有害因素；③将有害因素加强，使其不再有害
23	察言观色	反馈	①引入反馈信号；②如果已有反馈，则改变它的大小或作用
24	穿针引线	中介物	①利用可以迁移或有传送作用的中间物体；②把另一个（易分开的）物体暂时附加给某一物体
25	自动自发	自服务	①物体应当为自我服务，完成辅助和修理工作；②利用废料（能源的和物质的）
26	以假乱真	复制	①用简单而便宜的复制品代替难以得到的、复杂的、昂贵的、不方便的或易损坏的物体；②用光学拷贝（图像）代替物体或物体系统，此时可改变比例（放大或缩小复制品）；③如果利用可见光的复制品，则转为红外线或紫外线的复制

续表

序号	技巧	对应的发明原理	具体措施
27	改头换面	廉价替代	用廉价的不持久性代替昂贵的持久性原则，用一组廉价物体代替一个昂贵物体，放弃某些品质（如持久性）
28	李代桃僵	机械系统替代	①用光学、声学、味学等系统代替机械系统；②用电场、磁场和电磁场同物体相互作用；③由恒定场变为不定场，由时间固定的场变为时间变化的场，由无结构的场变为有一定结构的场；④利用铁磁颗粒组成的场
29	水涨船高	气压和液压结构	用气体结构和液体结构代替物体的固体部分，如充气和充液的结构、气枕、静液的和液体反冲的结构
30	薄如蝉翼	柔性壳体或薄膜	①利用软壳和薄膜代替一般的结构；②用软壳和薄膜使物体同外部介质隔离
31	无孔不入	多孔材料	①把物体做成多孔的或利用附加多孔元件（镶嵌、覆盖）等；②如果物体是多孔的，事先用某种物质填充空孔
32	五光十色	改变颜色	①改变物体或外部介质的颜色；②改变物体或外部介质的透明度；③为了观察难以看到的物体或过程，利用染色添加剂；④如果已采用了这种添加剂，则采用荧光粉
33	物以类聚	同质性	相互作用的物体，应当用相同材料或特性相近的材料制成
34	自生自灭	抛弃与修复	①采用溶解、蒸发等手段抛弃已完成功能的零部件，或在系统运行过程中直接修改它们；②在工作过程中迅速补充系统或物体中消耗的部分
35	随机应变	参数变化	①改变聚集态（物态）；②改变浓度或密度；③改变柔度；④改变温度或体积
36	沧海桑田	相变	利用物体相变转换时发生的某种效应或现象（体积变化、吸热或放热）
37	热胀冷缩	热膨胀	①利用材料的热膨胀或热收缩；②利用一些热膨胀系数不同的材料
38	推波助澜	加速氧化	①用富氧空气代替普通空气；②用氧气替换富氧空气；③将电离辐射作用于空气或氧气；④用臭氧化了的氧气；⑤用臭氧替换臭氧化的或离离的氧气
39	孟母三迁	惰性环境	①用惰性介质代替普通介质；②在真空中进行某过程
40	相辅相成	复合材料	由同种材料改为复合材料

旅程五　怎么对待冲突

嗨！问题又来了，就是我们在创新过程中碰到冲突或矛盾怎么办？发明技巧40计能够给我们具体的指导，是一一去试吗？非也，TRIZ提供了一类专门求解冲突问题的方法，就是这个旅程要解决的问题，大家随尹问特一起去看看吧。

1. 什么是冲突

冲突或矛盾一词对于我们来说不陌生，如李甲与赵乙产生了冲突，打了一架，但TRIZ理论中的冲突与我们常说的冲突还是有些区别。

TRIZ理论中，冲突或矛盾指物体内在要素对立的、互不相容的情况。在创新过程中，我们总会遇到或多或少的冲突。其实冲突就像图5-1所示的跷跷板，冲突双方就如跷跷板的两端，是不相容的，我们改善了物体的A要素，而导致B要素变差。

图5-1　冲突双方如跷跷板两端

例如，尹问特希望他的书包大一点［图5-2（a）］，这样可以装更多的书，但这样会导致携带困难，这就是一个冲突，是书包容积与携带性的冲突。从多放书的角度看，尹问特希望家里的书柜大一点［图5-2（b）］，这样可以放很多书，但这样会占据很多的空间，他的房间是有限的，还有床、桌子、玩具柜等需要摆放，从房间布置的角度看，又希望书柜小一点，这样房间可以摆放下所需的这些家具。

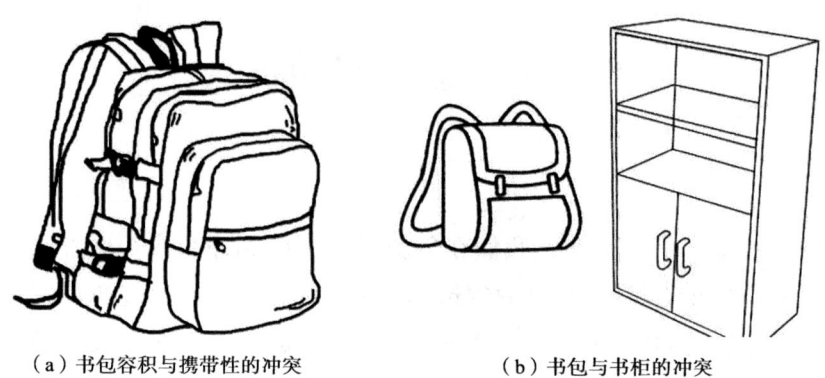

（a）书包容积与携带性的冲突　　　　（b）书包与书柜的冲突

图5-2　冲突举例

2. 冲突的种类有哪些

了解了什么是冲突或矛盾，再让我们看看在TRIZ理论中冲突的种类有哪些。主要分为三类，即技术冲突、物理冲突和管理冲突。

技术冲突和物理冲突是技术或工程中最常见的两类冲突，采用TRIZ冲突求解工具可以求解。管理冲突可以转化为技术冲突或物理冲突，再利用TRIZ冲突求解工具进行求解，或者利用TRIZ理论以外的工具进行求解。这里我们讨论技术冲突和物理冲突，先来看看两者的基本概念。

（1）技术冲突

技术冲突是指一个改变同时导致有用及有害两种结果，也可以指有用功能的引入或有害效应的消除，导致一个或几个子系统或系统变坏。技术冲突的特点：由两个关联的参数构成。

例如，尹问特想改善滑板车的性能（图5-3），想增加一些功能，如自动行走、坐与站两用等，但这样会导致滑板车的体积增大，这样出现的性能改善与体积控制的冲突就是技术冲突。

图5-3　滑板车增加功能时的技术冲突

技术冲突出现的几种情况：①在技术系统（或产品）的一个子系统中引入一个有用功能，导致另一个子系统产生一个有害功能；②消除一个有害功能引起另一个子系统有用功能劣化；③有用功能的加强或有害功能的减少使另一个子系统或系统变得太复杂。

（2）物理冲突

为满足某一特定功能，对系统或子系统中的参数提出完全相反特性的要求，由此引起的冲突称为物理冲突。物理冲突的特点：由单一参数引起。

例如，尹问特喜欢打乒乓球［图5-4（a）］，他希望球拍板面大一些，这样方便接球，但又希望小一点，这样便于携带。又如，尹问特希望他课桌的桌面［图5-4（b）］厚一些，这样比较结实，桌面可以放更多的书和文具，但他又希望薄一点，这样可以节省材料。

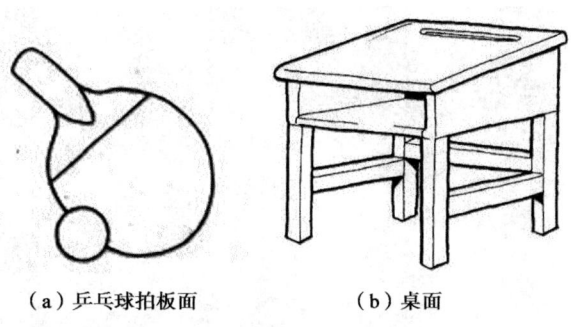

（a）乒乓球拍板面　　　（b）桌面

图5-4　乒乓球拍板面要求和桌面要求的物理冲突

物理冲突出现的几种情况：①一个子系统中有用功能加强的同时导致

107

该子系统中有害功能的加强；②一个子系统中有害功能降低的同时导致该子系统中有用功能的降低。

生活中、工程中存在很多物理冲突。常见的物理冲突如表5-1所示。

表 5-1 常见物理冲突

类型	几何类	材料及能量类	功能类
举例	长与短	多与少	喷射与堵塞
	宽与窄	黏度高与低	推与拉
	厚与薄	功率大与小	冷与热
	圆与非圆	时间长与短	运动与静止
	锋利与钝	密度大与小	强与弱
	对称与非对称	导热率高与低	软与硬
	水平与垂直	温度高与低	成本高与低
	平行与交叉	摩擦系数大与小	快与慢

另外，我们也要明白，技术冲突可以转化为物理冲突。例如，针对一个技术方案"增加飞机机翼的尺寸"（图5-5），会得到"提高飞机升力"与"增加了飞机的质量和重力"之间的技术冲突。对于这个技术冲突，我们也可以这样思考：为了提高飞机的升力，需要增加机翼的尺寸，但为了减小飞机的重量，要减小机翼的尺寸，这样就出现了既希望机翼尺寸大又希望机翼尺寸小的物理冲突。

图5-5 机翼尺寸变化体现两类冲突的转化

3. 如何找冲突的双方

对于冲突问题的求解，我们需要先找到冲突，即找到冲突对立的双方（改善的参数和恶化的参数）。如何找到冲突的双方呢？

TRIZ理论中有很多分析方法，这里介绍一个简单的分析方法。针对一个技术系统，如果提出了一个解决方案，带来了什么好的结果（这个就是改善的参数），但又带来什么不好的效果（这个就是恶化的参数），通过这样描述，我们就能找到冲突中的改善参数和恶化参数。同时也要明白，技术冲突的描述可以反过来，即对"所提的解决方案反方向分析，那么改善了什么，但恶化了什么"思考。我们可以采用填表（表5-2）的方式建立技术冲突的双方。

表 5-2　技术冲突建立

分析	技术冲突1	技术冲突2
如果	初拟的解决方案（F）	初拟的解决方案（-F）
那么	改善的参数（A）	改善的参数（B）
但是	恶化的参数（B）	恶化的参数（A）

对于物理冲突，可以采用如表5-3所示的方式建立冲突双方。

表 5-3　物理冲突建立

分析	物理冲突	
如果参数	P	
需要	A	因为B
但是	-A	因为C

实例故事：

尹问特想对如图5-6所示的搁架进行改进，他设想的方案是增加搁板的厚度，按表5-2的样式填写，如表5-4所示，这样就建立了这个问题的技术冲突：提高搁架强度与搁架重力增加的冲突，或者减小搁架重力与降低搁架强度。

图5-6 搁架

表 5-4 搁架改进中的技术冲突

分析	技术冲突1	技术冲突2
如果	增加搁板的厚度	减小搁板的厚度
那么	提高了搁架的强度	减小了搁架的重量
但是	搁架的重量增加	降低了搁架的强度

对于图5-4（b）中的课桌，尹问特想改变参数——桌面尺寸，会导致什么物理冲突呢？同样，填写表5-3看看，结果见表5-5，出现的物理冲突：既希望桌面尺寸大（是因为可以放很多书与文具）又希望桌面尺寸小（是因为搬动方便）。

表5-5 桌面尺寸变化导致的物理冲突

分析	物理冲突	
如果参数	桌面尺寸	
需要	大	因为（可以放很多书与文具）
但是	小	因为（搬动方便）

需要注意，物理冲突的参数不一定要求是标准技术参数。

4. 冲突矩阵

刚才提到，建立冲突后，需要解决它，但我们刚才描述冲突时是用我们的语言，需要转换为TRIZ理论中的标准描述，因此我们先了解下标准技术参数。

（1）标准工程参数

TRIZ理论创始人阿奇舒勒通过对大量的专利进行分析，发现绝大多数技术问题可以使用一系列有限的标准参数描述，总结为39个标准技术参数。

表5-6列出了39个标准技术参数，每个标准技术参数的含义详见附录A。

表5-6　39个标准技术参数

序号	名称	序号	名称	序号	名称
1	运动物体的重力	14	强度	27	可靠性
2	静止物体的重力	15	运动物体的作用时间	28	测量精度
3	运动物体的长度	16	静止物体的作用时间	29	制造精度
4	静止物体的长度	17	温度	30	作用于物体的有害因素
5	运动物体的面积	18	照度	31	物体产生的有害因素
6	静止物体的面积	19	运动物体的能量消耗	32	可制造性
7	运动物体的体积	20	静止物体的能量消耗	33	操作流程的方便性
8	静止物体的体积	21	功率	34	可维修性
9	速度	22	能量损失	35	适应性及通用性
10	力	23	物质损失	36	系统的复杂性
11	应力或压强	24	信息损失	37	控制和测量的复杂性
12	形状	25	时间损失	38	自动化程度
13	稳定性	26	物质的量	39	生产率

表5-6中出现了两个常用的概念——运动物体和静止物体，运动物体是较容易改变空间位置（无论是自身引起的还是外力引起的）的物体，如车辆、飞机等，静止物体是指空间位置不改变的物体。

这39个标准技术参数可分为如下几类。

①通用几何和物理参数：1~12,17,18,21。

②通用技术正向参数：13,14,27~29,32~39，当这些参数数值变大时系统的性能改善。

③通用技术负向参数：15,16,19,20,22~26,30,31，当这些参数数值变大

时系统的性能恶化。

（2）冲突矩阵

前面提到过，40个发明技巧能够直接指导我们解决冲突问题，但我们一一去试吗？不是的。为了提高发明技巧的利用效率，TRIZ理论中有一个冲突矩阵，是由标准技术参数和发明技巧构成的40×40矩阵，如表5-7所示（完整的冲突矩阵见附录D）。在冲突矩阵中，首列内容为39个改善参数，首行内容为39个恶化参数；矩阵内的数字编号为发明技巧的序号，编号的排列顺序表示发明技巧应用频率的高低；每一对冲突最多含有4个发明技巧；对角线的表格为物理冲突，通常用"+"表示；用"−"表示的方格可视为技术参数所形成的冲突没有可用的发明技巧。

表 5-7　冲突矩阵（部分）

改善参数＼恶化参数	1.运动物体的重量	2.静止物体的重量	3.运动物体的长度	4.静止物体的长度	……	39.生产率
1.运动物体的重量	+	−	15,8,29,34	−	……	35,3,24,37
2.静止物体的重量	−	+	−	10,1,29,35	……	1,28,15,35
3.运动物体的长度	8,15,29,34	−	+	−	……	14,4,28,29
4.静止物体的长度	−	35,28,40,29	−	+	……	30,14,7,26
……	……	……	……	……	……	……
39.生产率	1,28,7,10	1,32,10,25	1,35,28,37	12,17,28,24	……	+

5. 冲突如何求解

（1）技术冲突的求解

技术冲突的实质是改善了系统中的某个参数而导致另一个参数恶化，一般将这两个参数抽象为改善参数和恶化参数。

在面对技术冲突时，先用39个标准技术参数描述冲突双方，而后根据冲突的两个标准技术参数查询冲突矩阵，找到推荐的发明技巧，最后分析发明技巧，并借助自身的理论知识和经验形成可行的解决方案，其使用流程如图5-7所示。其中，"技术冲突标准描述"包括：①描述问题；②建立技术冲突；③选择技术冲突；④技术冲突的标准描述。

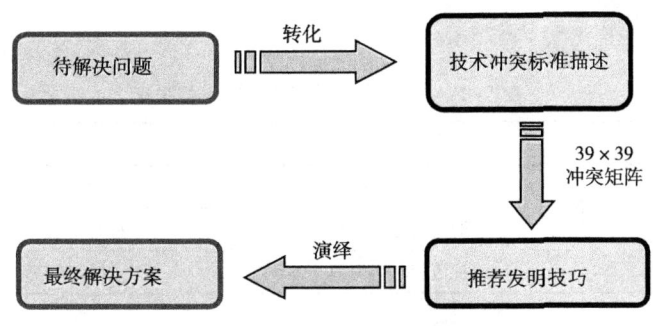

图5-7　解决技术冲突的流程

实例故事1：

尹问特有些同学在进行射击运动，经常进行射击训练[图5-8（a）]，尹问特经常跟这些同学去射击场观摩。他在观看射击时发现一个问题，当靶标比较大时，同学容易击中靶标，但有较多碎片会四处散落，清洁人员需要花费一定时间和精力进行现场清理。尹问特想解决靶标碎片清理的问题，以减轻清洁人员的负担，该如何用技术冲突求解工具进行求解呢？

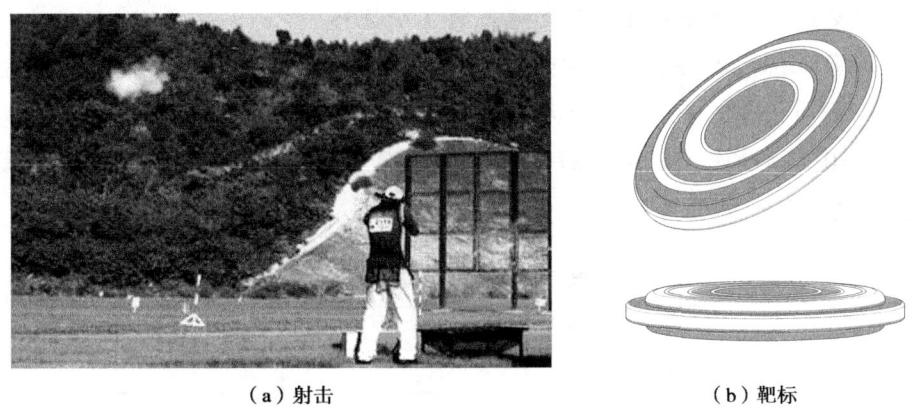

（a）射击　　　　　　　　　　（b）靶标

图5-8　射击训练

(Ⅰ) 描述问题

要解决的问题：在不影响打靶训练效果的前提下解决靶标碎片清理问题。

(Ⅱ) 建立技术冲突

填表找冲突，如表5-8所示。

表5-8 靶标碎片清理中的技术冲突

分析	技术冲突1	技术冲突2
如果	提高打靶效果	降低打靶效果
那么	增大靶标的体积	碎片清理时间减少了
但是	碎片清理时间增加了	减小靶标的体积

(Ⅲ) 选择技术冲突

由于射击场的主要目标是射击训练，改善的目标是提高打靶效果，因此这里选择技术冲突1：增大靶标的体积与碎片清理时间增加的冲突。这里改善的参数是靶标体积，恶化的参数是清理时间。

(Ⅳ) 技术冲突的标准描述

根据上述确定的改善参数和恶化参数，对照表5-6，寻找相近的标准技术参数。这里建立的标准技术参数是7（运动物体的体积）和25（时间损失）。

(Ⅴ) 查询冲突矩阵，确定推荐的发明技巧

确定了标准的改善参数和恶化参数后，查找冲突矩阵，可获得4个发明技巧编号（表5-9），分别为2（抽取）、6（多用性）、34（抛弃与修复）、10（预操作）。结合对四种发明技巧的认识和理解，选取第34个发明技巧（抛弃与修复原理）。

表5-9 冲突矩阵简表

参数	1~24	25	26~39
1~6			
7		2,6,34,10	
8~39			

（Ⅵ）实际问题求解

尹问特对传统塑料飞碟进行升级改造，采用一种复合柔性材料，既提高碟靶（飞碟靶标）靶身的硬度，又防止靶身碎裂，这样碟靶可以重复使用。同时，去除靶体内部的材料，灌进红色或蓝色烟雾粉，通过观察烟雾色彩判断是否击中靶标。

通过技术冲突的分析流程，尹问特找到了合适的解决方案，设计出了环保型飞碟靶标［图5-8（b）］，大大降低了射击训练场的成本，并避免了传统靶标碎片散落的现象。

实例故事2：

今天是尹问特的生日，尹问特的妈妈特意做了一道他最喜欢吃的菜——青椒炒肉丝。这道菜的做法很简单，但是前期工作比较繁琐，因为要将大量的青椒和肉块切成丝状。在厨房一侧观摩的尹问特发现妈妈每次切得太快时，菜刀的一侧都会粘很多青椒丝或肉丝，要停下来拨掉刀面上的食材再重新切制，影响了切菜效率。尹问特决定解决这一问题。

（Ⅰ）描述问题

要解决的问题：快速地获取丝状的青椒和肉丝，提高切菜效率。

（Ⅱ）建立技术冲突

填表找冲突，如表5-10所示。

表 5-10 切菜中的技术冲突

分析	技术冲突1	技术冲突2
如果	提高切菜效率	降低切菜效率
那么	提高切菜速度	菜粘刀减少
但是	菜粘刀增加	切菜速度降低

（Ⅲ）选择技术冲突

由于切菜的主要目标是更快地获得丝状的青椒和肉丝，改善的目标是提高切菜效率，故这里选择技术冲突1：提高切菜速度与粘刀增加，改善的参数是切菜速度，恶化的参数是菜粘刀。

（Ⅳ）技术冲突的标准描述

根据上述确定的改善参数和恶化参数，对照表5-6，寻找相近的标准技术参数。这里建立的标准技术参数是9（速度）和31（物体产生的有害因素）。

（Ⅴ）查询冲突矩阵，确定推荐的发明技巧

确定了改善参数和恶化参数后，查找冲突矩阵，可获得4个发明技巧编号（表5-11），分别为2（抽取）、24（中介物）、35（参数变化）、21（减少有害作用时间）。

表5-11 冲突矩阵简表

参数	1~30	31	32~39
1~8			
9		2,24,35,21	
10~39			

（Ⅵ）实际问题求解

结合对四种发明技巧的认识和理解，选取第24个发明技巧（中介物）。尹问特尝试对菜刀表面进行改造，即在刀刃上方添加一层磨砂或隆起物，有效阻隔食材粘附于刀面上，如图5-9所示。

图5-9 粘刀问题求解

尹问特在菜刀刀刃上方贴上一块长条形磁铁，有效化解了妈妈日常由于切菜而导致各种粘刀的问题。

(2) 物理冲突的求解

物理冲突本质上是对系统中的同一个参数提出相互对立的要求，因此它是一种更尖锐、更彻底的冲突。解决类似物理冲突时，一般采用折中的方法，但基本的冲突还保留着，并没有得到完全解决。为此，TRIZ理论针对物理冲突的解决提出了四大分离原理，分别是空间分离原理、时间分离原理、条件分离原理和系统级别（整体与部分）分离原理，同时这些分离原理与发明技巧也联系起来，见表5-12。

表5-12 分离原理与发明技巧对应表

分离原理	发明技巧
空间分离原理	1、2、3、4、7、13、17、24、26、30
时间分离原理	9、10、11、15、16、18、19、20、21、29、34、37
条件分离原理	1、5、6、7、8、13、14、22、25、27、33、35
系统级别分离原理	12、28、31、32、35、36、38、39、40

这里先了解下这些分离原理。

(Ⅰ) 空间分离原理

冲突双方在不同的空间上分离，即在空间上分离物体，使物体的一部分表现为一种特性，另一部分表现为另外一种特性。具体可以使用表5-12中对应的发明技巧进行空间分离。

使用的条件：对以上两个空间段是否交叉进行判断，即如果两个空间段不交叉，可以应用空间分离，否则不可以应用空间分离。

例如，对于十字路口需要东西方向通畅和南北方向通畅的物理矛盾就可以用空间分离原理求解，东西方向和南北方向在空间上分离，如图5-10所示，立交桥就是空间分离的解决方案。

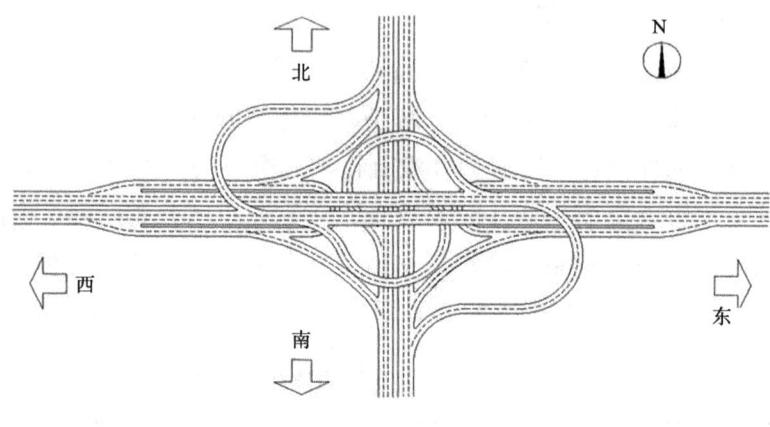

图5-10　立交桥

（Ⅱ）时间分离原理

冲突双方在不同的时间段上分离，即物体在某一时间段表现为一种特性，在另一时间段表现为另外一种特性。具体可以使用表5-12中对应的发明技巧进行时间分离。

使用条件：对以上两个时间段是否交叉进行判断，即如果两个时间段的冲突不趋向同一个方向变化，就可以应用时间分离，否则不可以应用时间分离。

例如，对于交叉路口需要保持东西方向通畅和南北方向通畅的物理矛盾也可以用时间分离原理求解，如图5-11所示，东西方向和南北方向在时间上分离，交通信号灯就是时间分离的解决方案。

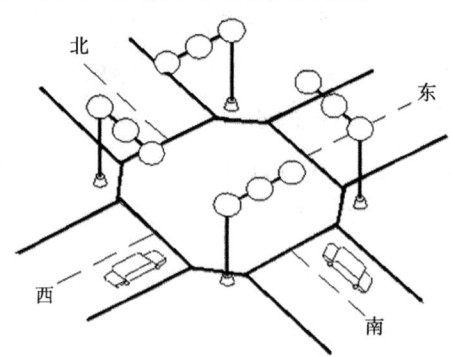

图5-11　交通信号灯

（Ⅲ）条件分离原理

冲突双方在不同的条件下分离，即物体在特定的条件下表现为某一特性，在另一种条件下表现为另一种特性。具体可以使用表5-12中对应的发明技巧进行条件分离。

使用条件：对以上两种条件下是否交叉进行判断。换言之，当系统或关键子系统冲突双方在某一条件下只出现一方时，则可以应用条件分离，否则不可以应用条件分离。

例如，对于交叉路口需要保持东西方向通畅和南北方向通畅的物理矛盾，也可以用条件分离求解，东西方向和南北方向按照一定的条件分离，如图5-12所示，交叉路口的转盘方式就是条件分离的解决方案。在交叉路口设置转盘，四个方向的汽车到达路口后直接进入转盘，遵循的条件是按逆时针方向绕转盘转动，遇到该去的路口就右转弯离开转盘。

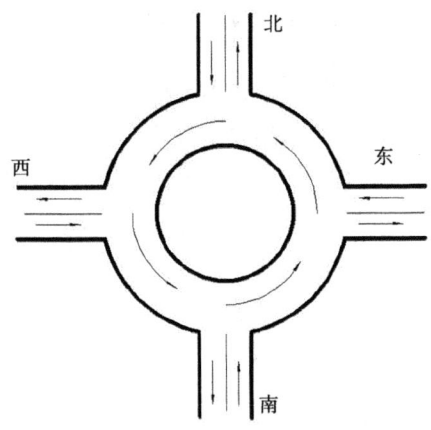

图5-12　十字路口的转盘

（Ⅳ）系统级别分离原理

冲突双方在不同的系统级别下分离，即物体在子级别表现某一特性，在高级别表现另一特性。具体可以使用表5-12中对应的发明技巧进行系统级别分离。

使用条件：对以上不同级别是否交叉进行判断，当两个系统级别不交叉，可以应用系统级别分离原理，否则不可以应用系统级别分离。

例如，对于交叉路口需要保持东西方向通畅和南北方向通畅的物理矛盾，还可以用系统级别分离求解，东西方向和南北方向按照系统级别分离，如图5-13所示，交叉路口改为两个丁字路口就是系统级别分离的解决方案。

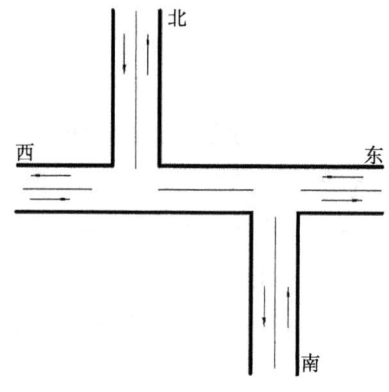

图5-13　两个丁字路口

在面对物理冲突时，我们需要确立问题的冲突双方，选择适用于本问题的分离原理类型，即是从空间角度分割冲突双方，还是利用不同时间段分割冲突双方，或者利用其他的原理分解冲突，进而结合自身的知识和经验，利用分离原理与发明技巧对应表查找发明技巧，获得一个可行的解决方案，具体流程如图5-14所示。

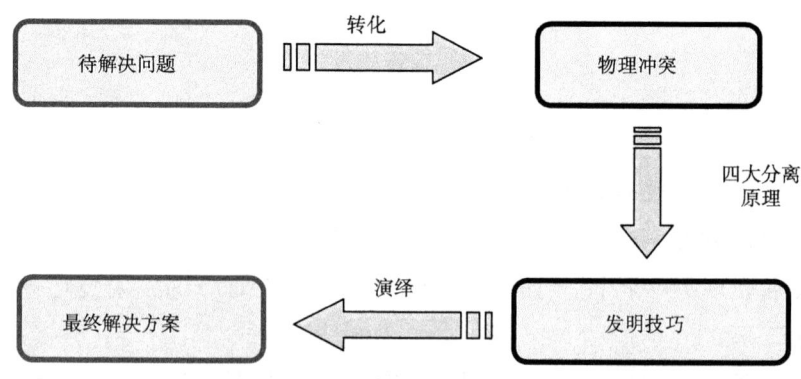

图5-14　解决物理冲突的流程

注意：针对物理冲突，选择分离原理时可以根据导向词初步选择。

实例故事1：

宁静的夜晚，尹问特在阅读英语文章时通常都会做一些笔记，即对一些重点语法用红色笔标注，陌生词汇用蓝色笔标注。可是，有时会忘记带蓝笔或者红笔，所以忘记带红笔时就用蓝笔对语法和词汇进行标记，忘记带蓝笔时就用红笔进行标记，导致标记混乱，影响二次阅读和记忆。尹问特想，要是一支笔能画出两种颜色的线条，只需带一支笔做笔记就可以了，就不会出现顾此失彼的现象了。于是，尹问特决定采用TRIZ冲突分析工具来解决这个问题。

（Ⅰ）*描述关键问题*

要解决的问题：减少带笔的数量，但又能画出两种颜色的线条。

（Ⅱ）*建立物理冲突*

选择颜色参数，填表找冲突，如表5-13所示。从表中看到，这里面临的物理冲突是既希望笔是蓝色的，又希望笔是红色的。

表5-13　笔的物理冲突

分析	物理冲突	
如果参数	笔芯颜色	
需要	蓝色	因为（一些地方需要画出蓝色线条）
但是	红色	因为（另外一些地方要画出红色线条）

（Ⅲ）*选择分离原理*

这个物理矛盾中有个导向词"一些地方"，即有些地方需要蓝色，另外一些地方需要红色，因而可以选择空间分离原理；而且两段空间并没有交叉，应用空间分离原理求解此物理冲突比较合适。

（Ⅳ）*查分离原理与发明技巧对应表（表5-12），确定推荐的发明技巧*

查表5-12，在应用空间分离原理分析时可以利用的10个发明技巧分别为1（分割）、2（抽取）、3（局部质量）、4（不对称）、7（嵌套）、13（逆向思维）、17（维数变化）、24（中介物）、26（复制）、30（柔性壳体或薄膜）。

（Ⅴ）实际问题求解

这里可以选择发明技巧7（嵌套），受其启迪，按压式圆珠笔的笔芯具有自由伸缩控制的功能，可以对现有按压式圆珠笔进行改造，即嵌入一个具有自动伸缩功能的零部件，需要红笔时就按压红色笔芯对应的按键，需要蓝笔时就按压蓝色笔芯对应的按键。同时，加大圆珠笔的外壳尺寸，合理分配左右两侧空间，从而有效实现红蓝两种颜色自由切换，如图5-15（a）所示。

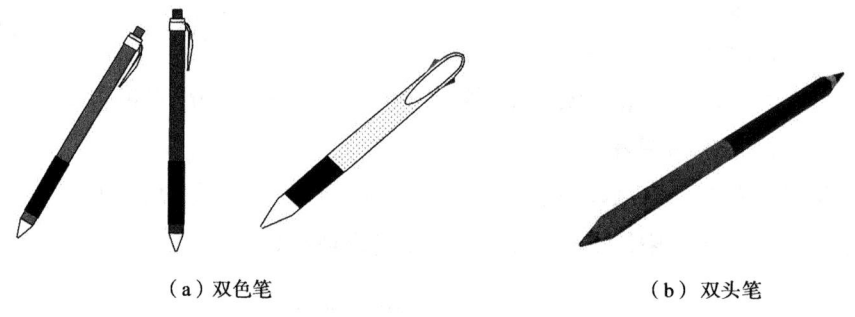

（a）双色笔　　　　　　　　　　　（b）双头笔

图5-15　双色笔与双头笔

尹问特还通过发明技巧3（局部质量）获得了如图5-15（b）所示的双头笔，笔的两端设置不同颜色的笔芯，同样可以实现两种颜色的书写。

实例故事2：

"怎么下起雨了，明明早上阳光明媚的！"没带雨伞的尹问特哀叹道。由于家里只有长柄雨伞，体型比较大，要是出门时天气晴朗，一般就不会带雨伞上学。因为没带雨伞，尹问特不得不冒雨回家，患上了感冒。尹问特打算对雨伞进行改造，这是一个物理冲突问题，利用TRIZ冲突分析工具进行化解。

（Ⅰ）描述关键问题

要解决的问题：使用雨伞时，雨伞应足够大，才能防止雨滴落在衣角上；携带雨伞时，雨伞应该足够小，以便放进袋子或书包里。

(Ⅱ) 建立物理冲突

选择颜色参数，填表找冲突，如表5-14所示。从表中看到，这里面临的物理冲突是既希望伞大又希望伞小。

表 5-14 伞的物理冲突

分析	物理冲突	
如果参数	伞的尺寸	
需要	大	因为（下雨时可以大面积挡雨）
但是	小	因为（携带时可以放进书包）

(Ⅲ) 选择分离原理

这个物理矛盾可以中有个导向词"……时"，即有时需要伞大，其余时间需要伞小，因而可以选择时间分离原理；而且两段时间并没有交叉，应用时间分离原理求解此物理冲突比较合适。

(Ⅳ) 查分离原理与发明技巧对应表（表5-12），确定推荐的发明技巧

查表5-12，在应用时间分离原理分析时可以利用的12个发明技巧，分别为9（预加反作用）、10（预操作）、11（预先防范）、15（动态化）、16（不足或过度作用）、18（振动）、19（周期性动作）、20（有效运动的连续性）、21（紧急行动）、29（气动与液压结构）、34（抛弃与修复）、37（热膨胀）。

(Ⅴ) 实际问题求解

这里可以选择发明技巧15（动态化），受其启迪，对伞骨进行改造。一般雨伞都是由伞柄、伞骨和伞面组成的，而长柄雨伞的伞骨是刚性体，不能活动，可以在伞骨中加入活动铰链，伞柄分段大小套装，使伞具有折叠功能，这样雨伞就能折叠收缩，体积也就自然变小，方便在不下雨时携带。

根据上述分析，尹问特对自家的长柄雨伞进行改造，制作出了一把独一无二的折叠雨伞，从此再也不用担心冒雨回家了（图5-16）。

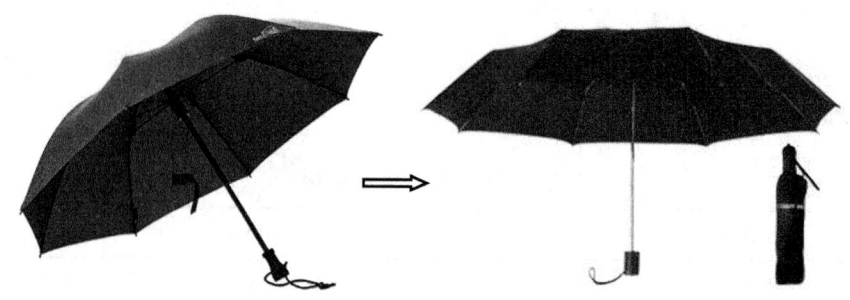

图5-16 伞的改进

实例故事3：

去年，尹问特的舅舅在尹问特家附近的一块空地上建房子。周末，尹问特去建筑工地找舅舅，发现建筑工人在汗流浃背地搬运红砖，很辛苦，而且效率低。但是为了使房子保温与安全，需要砖厚实些。为了改善建筑工人的作业条件，尹问特提议建一个简易升降台，但由于存在安全隐患，舅舅没有采纳意见。尹问特打算用TRIZ冲突分析工具求解，以便获得更好的解决方案。

（Ⅰ）描述关键问题

尹问特分析了一下，要解决的问题是：建筑材料要足够重才能确保房屋隔热、保温与安全，同时又要足够轻才能方便建筑工人快速搬运，从而加快施工进度。

（Ⅱ）建立物理冲突

选择重量参数，填表找冲突，如表5-15所示。从表中看到，这里面临的物理冲突是既希望砖重又希望砖轻。

表5-15 砖的物理冲突

分析	物理冲突	
如果参数	砖的重量	
需要	重	因为（厚实、可保温、安全）
但是	轻	因为（便于搬运）

(Ⅲ）选择分离原理

这个物理矛盾可以看出是在不同条件下出现的，即砖在房屋中需要厚（重），搬运过程中需要轻，因而可以选择条件分离原理；而且两个条件没有交叉，应用条件分离原理求解此物理冲突比较合适。

（Ⅳ）查分离原理与发明技巧对应表（表5-12），确定推荐的发明技巧

查表5-12，在应用基于条件分离原理分析时可以利用的13个发明原理分别为1（分割）、5（组合）、6（多用性）、7（嵌套）、8（重量补偿）、13（反向）、14（曲面化）、22（变害为利）、25（自服务）、27（廉价替代）、33（同质性）、35（参数变化）。

（Ⅴ）实际问题求解

这里可以选择发明技巧27（廉价替代），受其启迪，采用比红砖更实惠的建筑材料——环保砖。该环保砖具有较高的承重能力和抗压强度，而且比红砖轻便，方便建筑工人搬运。

根据分析结果，尹问特提议换环保砖，舅舅欣然同意，决定采用环保砖建房（图5-17）。

图5-17 红砖到环保砖

实例故事4：

放学后，尹问特和朋友一起去打篮球，可是尹问特得先回家把上学穿的休闲鞋换成运动鞋。有时为了方便，直接穿休闲鞋打球，但由于休闲鞋鞋底偏硬，没有弹性，在进行跳投动作时容易引起脚关节扭伤。为了解决频繁更换鞋子的问题，尹问特决定利用TRIZ冲突求解工具解决问题，按分

析流程走走看。

(Ⅰ) 描述关键问题

尹问特分析了一下,步行上学一般以休闲鞋为主,由于长时间穿着,鞋底设计需要有一定的硬度以增加耐磨性。而运动鞋是针对剧烈运动设计,鞋底偏向于弹性,有助于运动员进行一系列高难度弹跳动作。这里要解决的问题:鞋底能否有两种硬度?

(Ⅱ) 建立物理冲突

选择硬度参数,填表找冲突,如表5-16所示。从表中看到,这里面临的物理冲突是既希望鞋底硬,又希望鞋底软。

表5-16 鞋底的物理冲突

分析	物理冲突	
如果参数	鞋底的硬度	
需要	硬	因为(耐磨)
但是	软	因为(弹跳)

(Ⅲ) 选择分离原理

从这个物理矛盾可以看出是不同运动级别下出现的,即鞋在行走这个不剧烈运动(低级别的运动)时希望耐磨,鞋在剧烈运动(高级别的运动)情况下又希望弹性好,因而可以选择系统级别分离原理;而且两个级别没有交叉,应用系统级别分离原理求解此物理冲突比较合适。

(Ⅳ) 查分离原理与发明技巧对应表(表5-12),确定推荐的发明技巧

查表5-12,在应用系统级别分离原理分析时可以利用的9个发明原理分别为12(等势性)、28(机械系统替代)、31(多孔材料)、32(改变颜色)、35(参数变化)、36(相变)、38(加速强氧化)、39(惰性环境)、40(复合材料)。

(Ⅴ) 实际问题求解

这里可以选择发明技巧40(复合材料),受其启迪,在休闲鞋鞋底内部加入一种聚氨酯材料(气垫),这种复合材料能够增加鞋底的柔软度,

同时提供强有力的脚部支撑，并对一系列高强度动作起到缓冲减振作用。

根据上述分析，加入气垫的休闲鞋既可以兼顾鞋底的耐磨性，又可以在剧烈运动时为脚部提供冲击防护的效用，这就是尹问特设计的一种新型的两用鞋（图5-18）。

图5-18　休闲鞋到两用鞋

6. 冲突问题求解总流程

通过上述尹问特碰到的例子，我们可以看到TRIZ冲突求解工具是我们解决问题的一大法宝，有效运用这一法宝，可以化解生活、工作、创新过程中的种种矛盾、冲突，形成一个又一个巧妙的解决方案。

在遇到冲突问题时，先要分析问题、定义冲突，而后根据冲突的类型选择不同的求解流程，最后根据推荐的发明技巧结合实际问题分析，就能形成化解冲突的解决方案。图5-19是综合了图5-7和图5-14的TRIZ冲突求解流程。

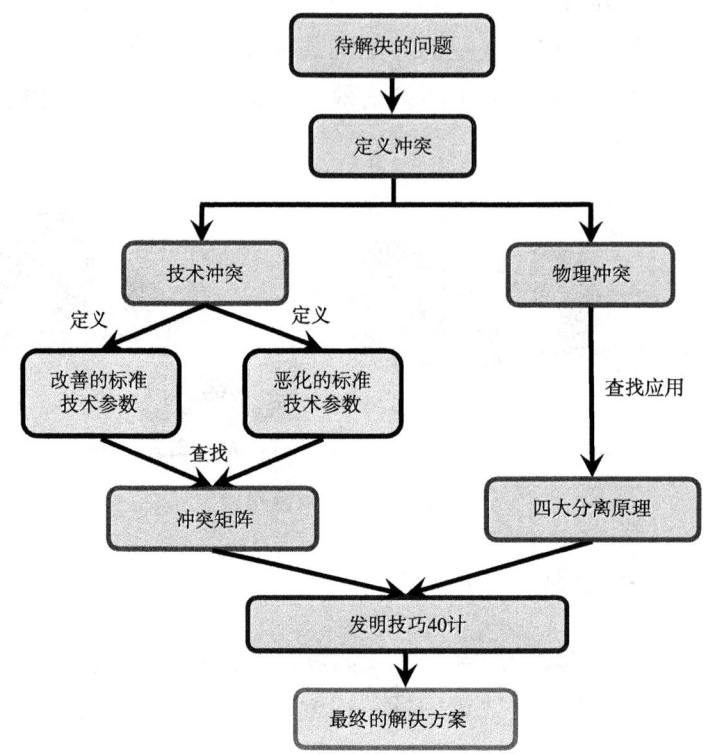

图5-19 TRIZ冲突求解流程

旅程六 复杂的问题如何分析

"这个问题怎么解决？怎么用发明技巧40计和冲突矩阵还是解决不了，好复杂啊……"那么，去TRIZ家族中"物-场分析工具"一家看看吧，这里会把复杂问题拆成简单的物-场问题，再进行分析求解。好了，让我们先看看什么是物-场模型吧。

1. 物-场模型

（1）什么是物质、场

"物质"与"场"这两个词对我们来说并不陌生，在TRIZ理论中，物质常用S表示，是具有净质量的物体，如电视机、沙发、课桌、座椅、车辆、飞机、空气等。场常用F表示，指一种"力""能量"，物质与物质的相互作用、联系和影响，包括磁场、电场、机械场、热场、声场、化学场，如用锤子钉钉子是机械场。

（2）什么是物-场模型

TRIZ理论中可以将一个复杂的系统拆分为多个简单的系统，而最简单的系统要正常工作（完成一个功能），必须具备三个元素，即两个物质S_1、S_2和一个场F。创新中的大多数问题和解决方案都可以通过特定的模型描述，这个模型即为物-场模型。

如图6-1（a）、（b）所示，物-场模型通常用三角形描述，在三角形的物-场模型中，下面的两个角是两种物质，标注S_1与S_2，上面一个角是场，标注F。如图6-1（c）所示，对于复杂系统，经过分解后，可以运用多个组合三角形模型表示。

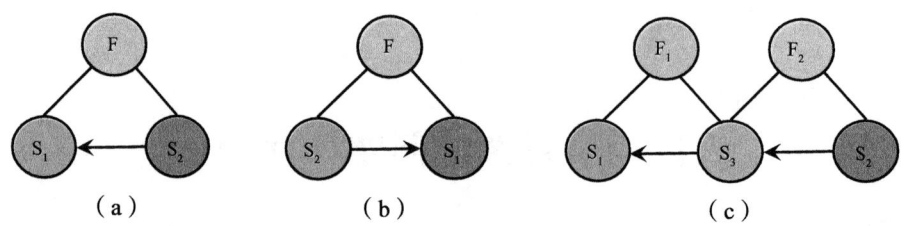

图6-1 物-场模型

注意,图6-1中S_1、S_2和F的关系如下。

物质S_1是指一种需要改变、加工、位移、发现、控制、实现等的"目标"。

物质S_2是指实现必要作用的"工具"。S_1与S_2在模型中的左右位置没有严格规定。

场F是上述两个物质间的相互作用、联系和影响,如机械场、电场、化学场、磁场、热场、声场等。

三个元素各加一个圆圈,元素之间的联系用直线或箭头表示。TRIZ理论中常见的相互作用有四种,表示符号如表6-1所示,要特别关注后面三种作用。

表6-1 常用的物质相互作用表示符号

符号	意义	符号	意义
→	期望的作用	∿→	有害的作用
⇢	不足的作用	⇒	改变了的模型

(3)物-场模型如何建立

了解了物-场模型的概念,那我们该如何建立物-场模型呢?不用担心,可以按照如下步骤建立:

①先在系统中找到两个物质,确定谁是目标、谁是工具。

②分析这两个物质之间的作用,给出场的名称。

③画出三角形的物-场模型。

例如，如图6-2（a）所示的跑步运动，找到的两个物质是鞋与地面，鞋子是目标，记为S_1，地面是工具，记为S_2，它们之间的作用是摩擦力，为机械场F，这样画出的物-场模型如图6-2（b）所示。

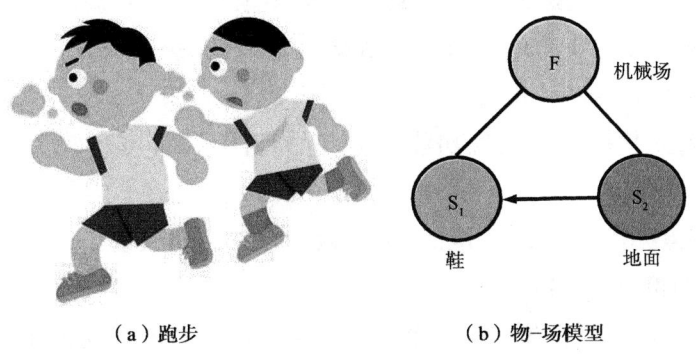

（a）跑步　　　　　　　（b）物-场模型

图6-2　跑步运动分析

又如图6-3（a）中的"用手拿杯子"这一动作，该如何用物-场模型描述呢？

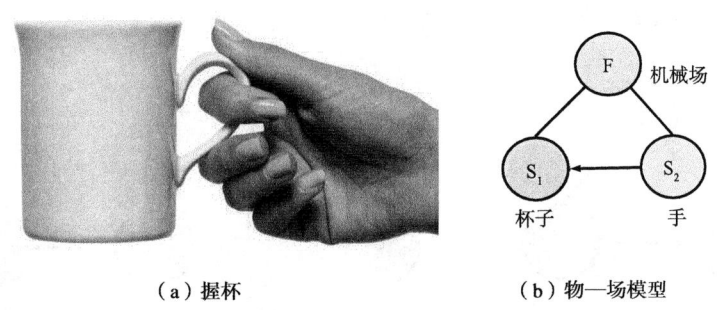

（a）握杯　　　　　　　（b）物—场模型

图6-3　手拿杯子动作分析

找到的两个物质是手与杯子，杯子是目标，记为S_1，手是工具，记为S_2，它们之间的作用是夹持力，为机械场F，这样画出的物-场模型如图6-3（b）所示。

从上述两个例子看到，不管研究内容如何变化，物-场模型的形式是相同的，只是S_1、S_2、F所代表的内容有所区别。

（4）物-场模型的种类

通过建立物-场模型，是否发现物-场模型很简单？工程实践中，物-场模型有哪几类呢？

一般把物-场模型分为5种，即有效完整模型、不完整模型、效应不足的完整模型、效应有害的完整模型和效应过度的完整模型。我们先来了解这5种物-场模型的表示方式。

①有效完整模型：实现功能的3个元素齐全，且可有效实现功能，如图6-4（a）所示。

②不完整模型：实现功能的3个元素不全，可能缺场，也可能缺少（工具）物质，如图6-4（b）所示。

③效应不足的完整模型：3个元素齐全，但功能未有效实现或实现得不足，如图6-4（c）所示。

④效应有害的完整模型：3个元素齐全，但产生了有害的效应，需要消除这些有害效应，如图6-4（d）所示。

⑤效应过度的完整模型：3个元素齐全，但功能未有效实现或实现得过度，如图6-4（e）所示。

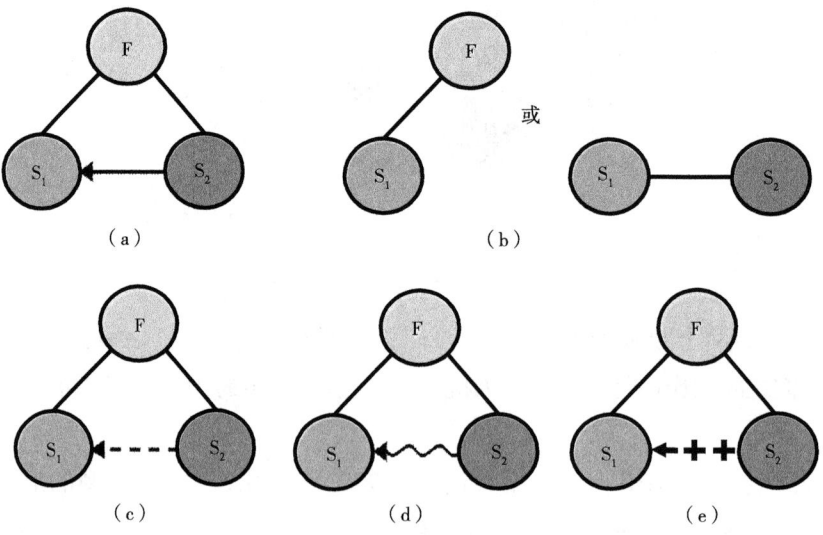

图6-4 物-场模型的类型

以人在不同路面行走（鞋子与地面的作用）为例说明上面5个物-场模型。当鞋子与普通地面接触，它们之间的摩擦力能够使人正常行走，这个系统对应的模型就是有效完整模型［图6-4（a）］。当人行走在冰面上，鞋子与冰面的摩擦力不够，不能支撑人正常行走，这个系统对应的模型就是效应不足模型［图6-4（c）］。当人行走在粗糙地面上，鞋子与粗糙地面的摩擦力过大，虽然可以支撑人正常行走，但阻力也加大，这个系统对应的模型是效应过度模型［图6-4（e）］。当人行走在乱石地面上，乱石地面对鞋子产生有害作用，这个系统就是效应有害模型［图6-4（d）］。

一般情况下，可以将效应过度模型和效应有害模型归为一类，这样不足的物-场模型就有3种，即不完整模型、效应不足模型和效应有害模型。

2．一般解法

当系统的物-场模型是有效完整模型时，这时系统工作正常，不需要改善。而当系统为不足的物-场模型时，如为不完整模型、效应不足模型等，就需要改善，改善的目标就是将物-场模型变为有效完整模型。物-场分析工具就是将不足的物-场模型变换为有效完整模型，得到创新问题的解决方案，其基本流程如图6-5所示。

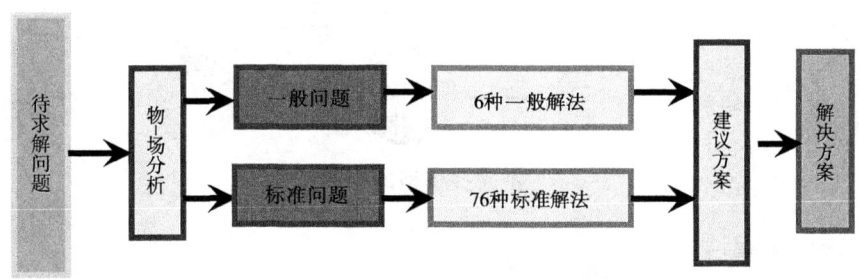

图6-5　物-场分析工具求解流程

从图6-5中看到，物-场分析求解问题有两类解法，即一般解法和标准解法。对于一般问题，TRIZ理论提供了6种一般解法，如表6-2所示。

表 6-2 物-场分析的一般解法

一般解法编号	存在的问题	具体解决措施
1	不完整模型	增加所需的元素（场、物质），使模型完整
2	效应有害模型	加入第三种物质，阻止有害作用
3		引入另外一个场，抵消有害作用
4	效应不足模型	用另外一个场代替原来的场
5		增加另外一个场来强化有用的作用
6		引入第三个物质和第二个场来强化有用的作用

由于一般解法相对简单，我们先介绍一般解法。

（1）一般解法1

此法主要针对不完整模型，解决办法是增加需要的元素，完成物-场三角形模型。

实施手段：根据所缺失的元素，增加场F或工具S_2或作用目标S_1，使之形成有效的完整模型。模型转换过程如图6-6所示。

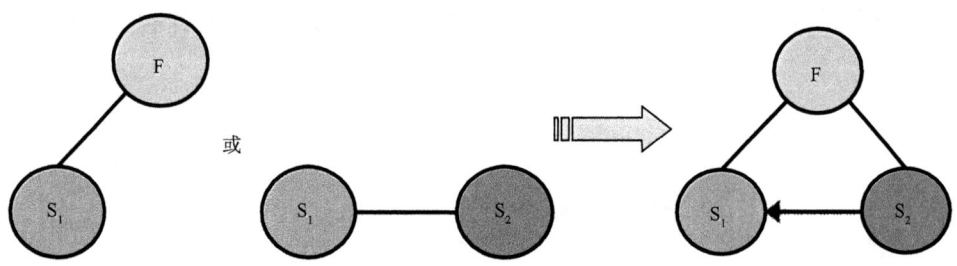

图6-6　不完整模型的一般解法1

实例故事：

炎热的夏季到了，尹问特到楼下的超市买了一大瓶果汁，可是喝了几口，就觉得肚子胀胀的，喝不下去了。就这样过了几天，当尹问特再次喝那瓶果汁时，果汁已经变质了。尹问特觉得这样很浪费，心想下次得买小瓶的，可是小瓶装不划算，分量还小，该怎么办？尹问特决定用一般解法1来解决他的苦恼。

尹问特对问题加以分析，建立物-场模型（图6-7），在该问题中，剩下的果汁可以看作物质S_1，现在是一个不完整模型，需要增加缺失的元素。在该问题中，需要增加场F和物质S_2。联想起逛超市时看到的货架上的冰棍盒，于是利用冰棍盒作为物质S_2，并放进冰箱的冷冻区，即引入一个温度场F，形成一个有效完整物-场模型，这样剩下的汽水就能摇身一变成为美味可口的冰棍了。

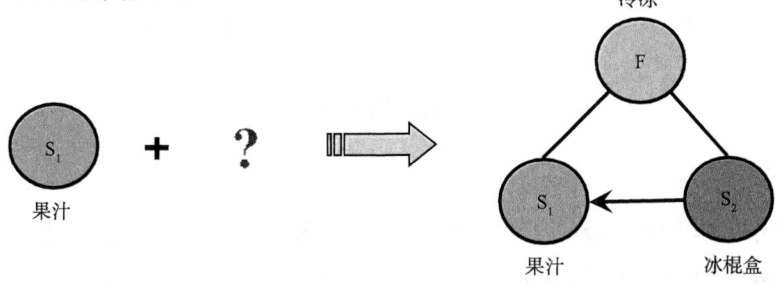

（a）物-场模型

（b）果汁变冰棍

图6-7　一般解法1的应用实例

（2）一般解法2

此法主要针对效应有害完整模型，解决办法是引进第三种物质S_3，而且这种物质是原有两种物质之一的变种。

实施手段：加入第三种物质S_3，S_3用来阻止有害作用。S_3可以不同于S_1或S_2，也可以是S_1和S_2共同改变而来的。模型转换过程如图6-8所示。

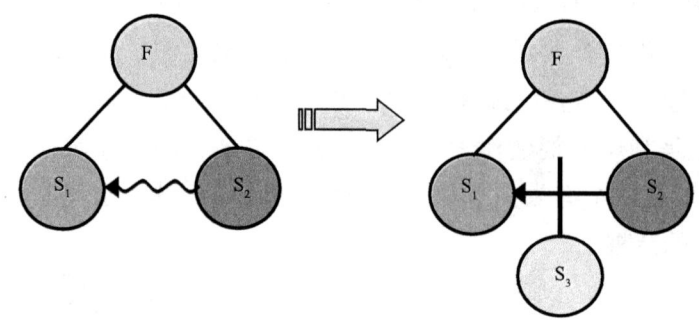

图6-8　有害完整模型的一般解法2

实例故事：

今天，尹问特在超市买了很多相框，想给家里空荡荡的墙壁打扮一番，增添色彩。在挂相框前，他得在墙上钉个钉子，相框才能放上去。他一口气连续钉了几颗钉子，一不留神锤子就砸到手指头。他想，怎么样锤钉子才能不伤手？

图6-9　锤钉子

采用物-场分析方法求解，他马上对锤钉子系统进行分析，建立物-场模型，如图6-10（a）所示，在该问题中，作用于锤子的外力是F，锤子是物质S_2，钉子是物质S_1，这是一个效应有害模型。查表6-2，可以采用一般解法2求解，需要增加一个物体S_3来阻止有害作用，这样就可以解决锤钉子容易砸到手的问题［图6-10（b）］。看到工具箱的钳子，他想出了办法，用钳子夹紧钉子用来固定，从而取代手指固定钉子这一动作，这样尹问特再也不用担心锤钉子会砸到手了。

旅程六 复杂的问题如何分析

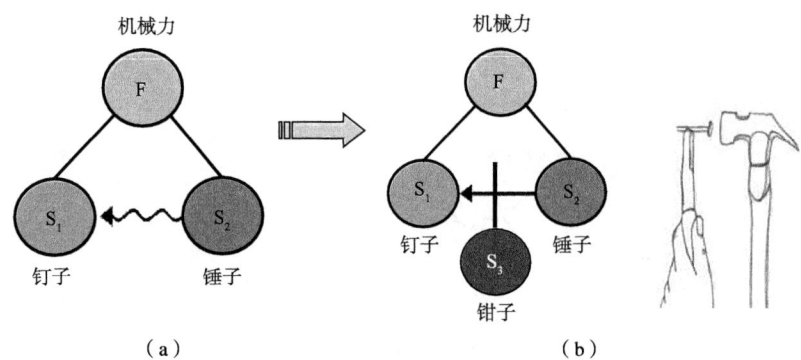

（a） （b）

图6-10 一般解法2的应用实例

（3）一般解法3

此法主要针对效应有害完整模型，解决办法是增加另一个场F_2。

实施手段：引入第二个场F_2，用于平衡产生有害效果的场，准确评估所需的能量场，如常见的机械能、热能、电能等。模型转换过程如图6-11所示。

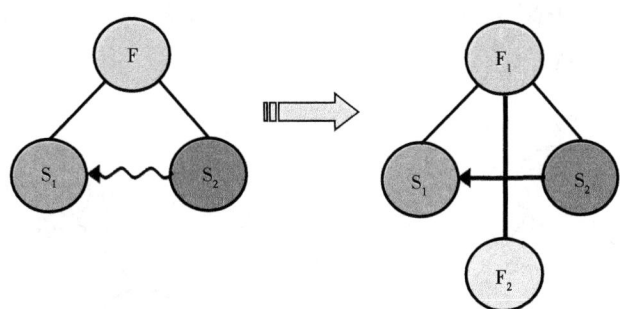

图6-11 有害完整模型的一般解法3

实例故事：

暑假，尹问特一家开车去附近山上游玩，回来一路是下坡。尹问特的爸爸看到下坡路段不是十分陡峭，准备挂进空挡，借助重力滑行下坡，这样可以省下不少油。坐在副驾驶座位的尹问特看到此做法太危险，容易损坏发动机，得想办法解决（图6-12）。

图6-12　驾车下坡问题

采用物-场分析方法求解，先构建物-场模型［图6-13（a）］，在该系统中，斜坡为物质S_2，汽车为物质S_1，重力为F，是一个效应有害模型，查表6-2，用一般解法3的思路解决。对于效应有害模型，只需要增加一个额外的场就能避免这个后果。这时尹问特想到了变速箱，变速箱低挡位能够给汽车牵引力，也能防止汽车速度过快，以此减缓重力引起速度过快的现象。

尹问特把这一想法告诉爸爸，爸爸欣然同意，并对自己的行为给家人带来担忧表示歉意。

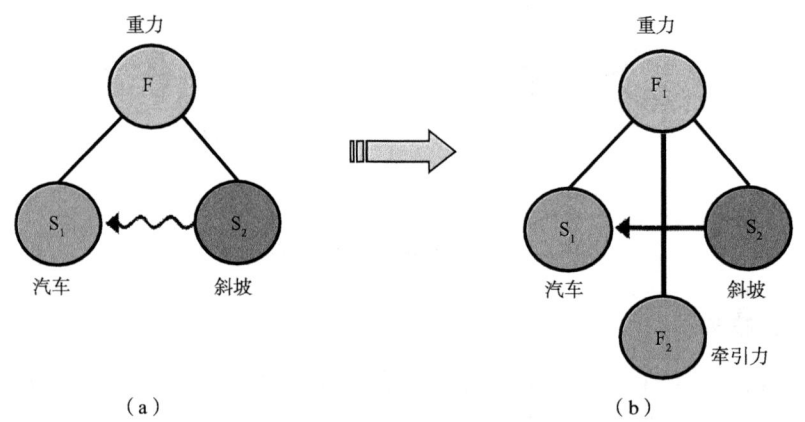

图6-13　一般解法3的应用实例

（4）一般解法 4

此法主要针对效应不足模型，解决办法是改用新的场F_2。

实施手段：采用新的场F_2代替原有的场F，达到所需的效果，模型转换过程如图6-14所示。

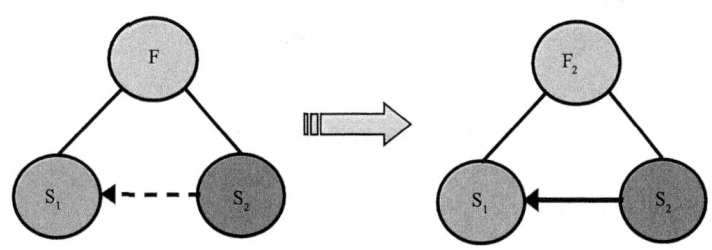

图6-14　效应不足模型的一般解法4

实例故事：

周末，尹问特的妈妈在打扫房间，不小心把装满图钉的盒子弄翻，地上都是图钉（图6-15）。一旁的尹问特打算一个一个地捡回去，可是又觉得这样很容易伤到手，而且效率低。如果用扫把扫再用漏斗倒进盒子里，又会把灰尘也带进盒子里，该怎么办呢？

应用物-场分析方法，尹问特先分析了这个系统，建立了物-场模型，如图6-16（a）所示。在该系统中，扫把扫图钉带有灰尘，属于效应不足模型，查表6-2，用一般解法4求解，只需改变原来的场F。这里引入磁场F_2，在扫把上贴一个磁条，利用磁铁的吸引力把铁质的图钉牢牢吸住，从而快速处理地面上的图钉［图6-16（b）］。

尹问特有效运用一般解法解决了妈妈的烦恼，得到妈妈的赞扬。

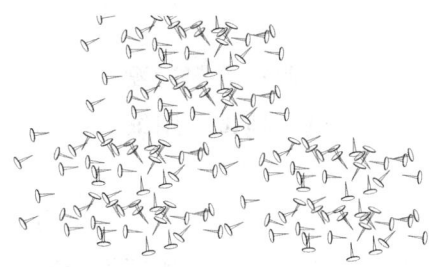

图6-15　散落在地上的图钉

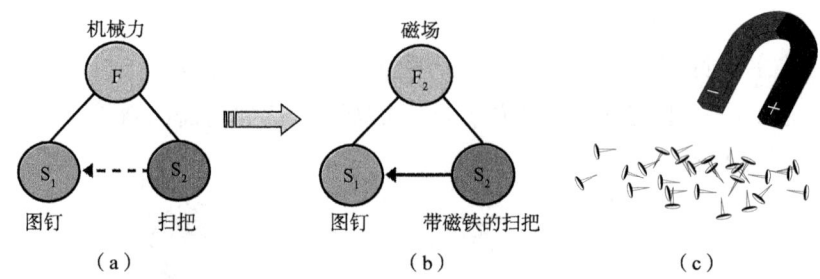

图6-16 一般解法4的应用实例

（5）一般解法5

此法主要针对效应不足模型，解决办法是增加一个新的场F_2来增强需要的效果。

实施手段：增加另外一个场来强化有用的效应，模型转换过程如图6-17所示。

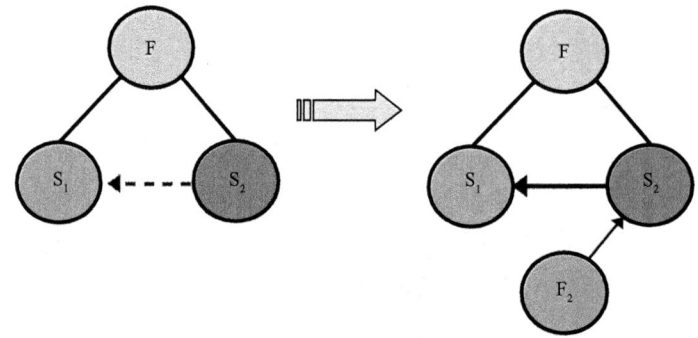

图6-17 效应不足模型的一般解法5

实例故事：

晚上，尹问特准备洗澡，脱掉衣服后发现背后粘着一块口香糖，他十分气愤，不知道谁搞的恶作剧。他试着用纸巾擦掉，但还是有一小部分牢牢粘在上面。唉，还是想办法解决吧。

试试物-场分析方法。尹问特先分析系统，建立物-场模型，如图6-18（a）所示，在该系统中，手部为物质S_2，口香糖为物质S_1，撕下口香糖的外力为F，这是一个效应不足模型，查表6-2，选择一般解法5，需要增加一个新的场F_2来强化物质S_1［图6-18（b）］。他想到将口香糖降温冷冻，会使口香糖收缩变硬，这样就会容易剥离。

根据这个思路，尹问特在衣服的内外两侧分别放上冰块，使口香糖成为硬块，从而解决了他的烦恼。

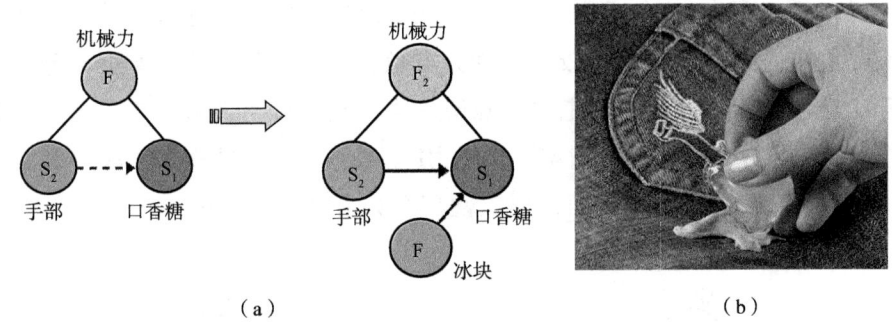

图6-18　一般解法5的应用实例

（6）一般解法6

此法主要针对效应不足模型，解决办法是增加新的场F_2和物质S_3来加强原有的效果。

实施手段：引入新的场F_2和物质S_3，将原物-场模型中的一个物质（S_1或S_2）用一个完整的、可独立控制的物-场模型替代，形成串联式（链式）物-场模型，从而提高有用效应。模型转换过程如图6-19所示。

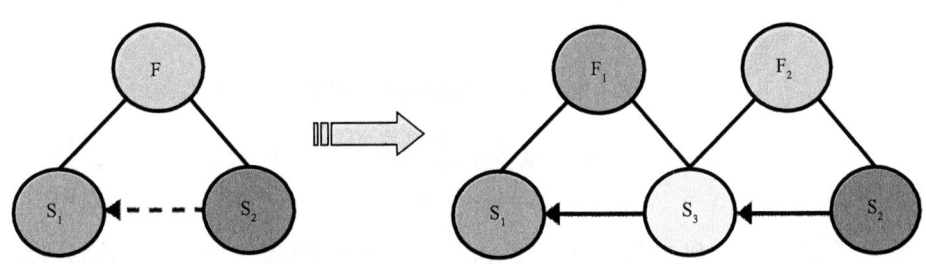

图6-19　效应不足模型的一般解法6

实例故事：

尹问特发现住宅后门被一块大石堵住了，但由于力气小，很难搬动石头，于是想先将石头打碎再一块块搬走。可是，石头坚硬无比，从多个部位锤击都没法砸开。哼，得找TRIZ了。

尹问特根据物–场分析方法建立起物–场模型[图6-20（a）]，在该模型中，锤子为物质S_2，石头为物质S_1，作用于锤子的机械力为F，这是一个效应不足模型。查表6-2，选用一般解法6来解决这个问题。他继续分析，由于锤头作用于石头表面的面积较大，受力分散，且石头外形不规则，导致难以锤碎。应该集中这一外力，围绕一点砸下去，这样锤击效果会更明显。根据一般解法6，引入凿子S_3，同时增大机械力F_2，构成一个新的物–场模型[图6-20（b）]。根据这个思路，尹问特很快就把石头击碎了。

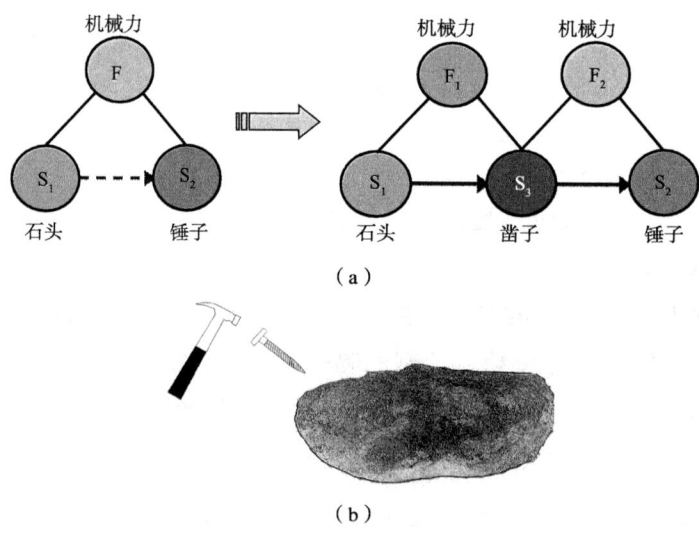

图6-20 一般解法5的应用实例

了解了上面6个一般解法的基本概念和尹问特的求解实例故事，是不是觉得一般解法很简单并且很容易理解？它能有效地帮助我们分析问题，指引我们找到一个明确的思考方向，得到一个好的解决思路。我们遇到问题时不如试着采用一般解法，它可能会给你带来惊喜。

一般解法的具体步骤如下：

1）找到关键元素。根据问题存在的区域和问题的表现确定造成问题的关键元素，有效缩小问题分析范围。

2）确定并完成物-场模型的构建。根据问题情形，表述两个元素之间的作用，确定作用的大小、范围，构造出问题所在的物-场模型，模型反映出的问题可以理解为实际问题的另一种变现形式，即要与实际问题吻合。

3）选择物-场模型的一般解法。按照物-场模型所表现出的问题，查找此类物-场模型的一般解法，若该问题模型有多个解法，则需寻找最优的解法。

4）实现问题的转换。将一般解法与实际问题对照，并考虑各种现实条件下的实现方式，应用到问题解决中，从而寻求解决方案。

3．可以借鉴的标准解

从图6-5中看到，物-场分析还有一个求解方法，就是针对标准问题的标准解法。标准解法是指对那些相当复杂的问题可以用简单的解决办法，不必通过筛选各种方案就能有针对性地解决问题。标准解法通过物-场模型指导人们查找标准解系统，找到解决方案。

标准解系统总共给出了76个标准问题的物-场模型及对应的解的模型，且解的模型接近最终的解决方案。如表6-3所示，76种标准解系统根据问题的类型分为5级，具体的标准解内容见附录C。

表6-3　76种标准解系统

级别	标准解系统名称	子系统数量
第一级	基本物-场模型的标准解系统	13
第二级	强化物-场模型的标准解系统	23
第三级	向双、多、超系统和微观级系统进化的标准解系统	6
第四级	测量与检测的标准解系统	17
第五级	简化与改善策略的标准解系统	17
合计		76

标准解系统的76个标准解法虽然数量繁多,但是在物-场模型分析的基础上给看似复杂的问题提供了多种解决途径。然而在解题过程中,5级18子级76个标准解法会给人摸不着头脑的感觉,错误的选择反而会使问题变复杂。因此,需要一个明确的选择解题的思路,这样才能快速有效地使用标准解来解决难题,做到有的放矢。

应用标准解法解决问题,可按照下列步骤操作(图6-21)。

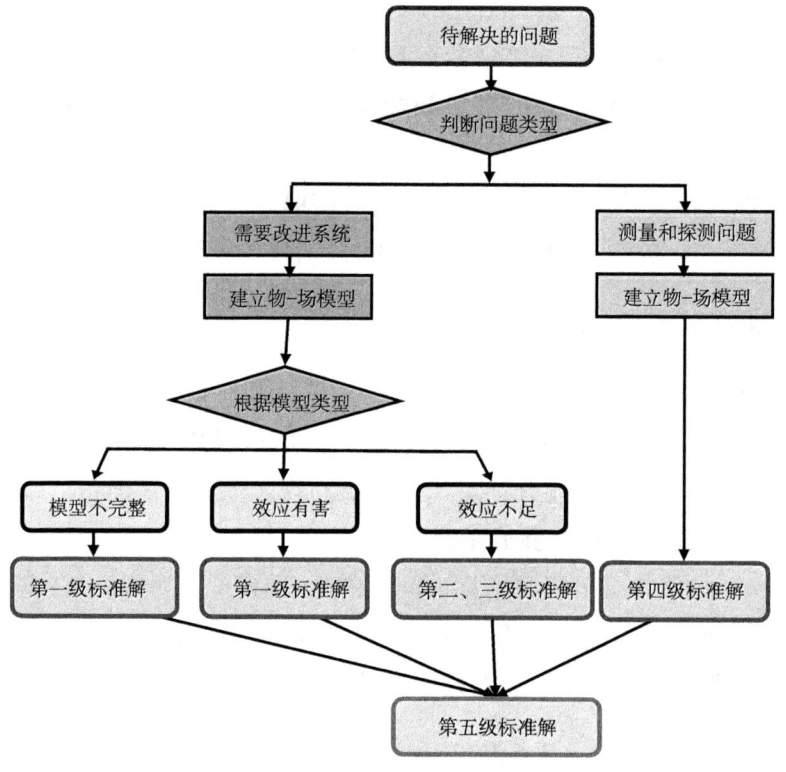

图6-21　标准解法流程

1)确定所面临问题的类型。首先确定所面临的问题属于哪类问题,是要求对系统进行改进,还是要求对某件物体测量或探测。问题的确定是一个复杂的过程,既可以根据自身丰富的经验来确定,也可以参考以下顺序确定:①问题工作状况描述,最好有图片或简单的示意图,配合问题状况进行表述;②分析产品或系统的工作过程,尤其是系统流程要表述清楚；③零件模型分析，包括系统、子系统、超系统3个层面的零件，以确定可用资源；④功能模型分析，将各个元素间的相互作用表述清楚，用物-场模型的作用符号标记；⑤确定问题所在的区域和零件，划分出相关的元素。

2）如果面临的问题是要求对系统进行改进，则：①建立现有系统或情况的物-场模型；②如果是不完整物-场模型，应用第一级标准解法中的1~8的标准解法；③如果是效应有害的完整模型，应用第一级标准解法中的9~13标准解法；④如果是效应不足的完整模型，应用第二级标准解法中的23个标准解法和标准解法第三级中的6个标准解法。

3）如果问题是对某件物品有测量或探测的需求，应用第四级标准解法中的17个标准解法。

4）获得了对应的标准解法和解决方案后，检查模型是否可以应用标准解法第五级中的17个标准解法简化。标准解法第五级也可以考虑为是否有强大的约束限制着新物质的引入和交互作用。

实例故事：

夏天来了，蚊子多了起来，安装纱门是一个有效的方法。传统的纱门是在木条框架中镶嵌纱布，整体开闭，蚊子会乘虚而入，防范蚊子的作用有限，如图6-22（a）所示。尹问特想解决这个问题。开始他想到了利用"提高柔性"的进化趋势，将纱门的刚性框架去除，但两个纱门不能很好地闭合。这个属于功能问题，需要采用物-场分析方法求解。建立问题的物-场模型，如图6-23所示，属于效用不足问题，即两边纱门作用不足。

针对效用不足模型，查找标准解系统（附录B），可以在第二类标准解法中的23个标准解法和第三类中的6个标准解法中选择。选择标准解法25，在物质-场中加入铁磁物质和磁场，在门页甲与门页乙之间增加磁条，如图6-22（b）所示，使得两个门页可以在打开迅速自动吸合在一起，有效挡住蚊子。

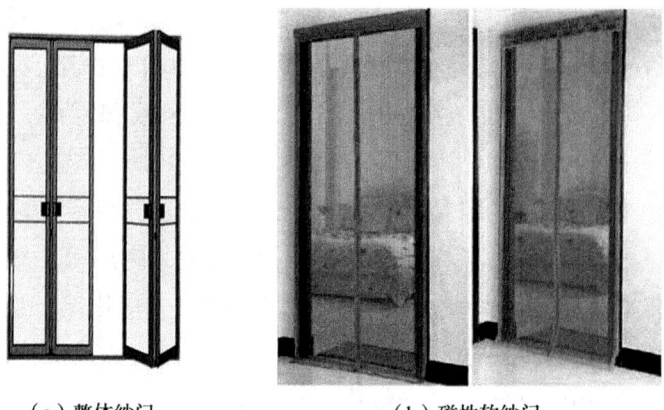

（a）整体纱门　　　　　　（b）磁性软纱门

图6-22　纱门

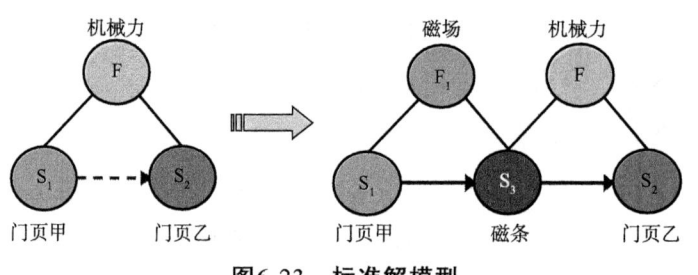

图6-23　标准解模型

旅程七　照葫芦画瓢

我们生活中经常会碰到"怎么做（或如何做）"的问题，如果有个葫芦能照着画就好了。呵呵！来让我们看看新的旅程，照葫芦画瓢。所谓的葫芦就是TRIZ理论中的科学效应库方法。科学效应库方法是一种涵盖各领域知识的创新工具，其实质是结合海量的专利研究总结出我们解决发明问题时经常遇到的、需要实现的30种功能（How To模型），以及实现这些功能经常要用到的100种科学效应和现象。我们可以利用这些科学效应轻松解决我们日常生活中、工程技术系统中遇到的问题。

1. 看看有哪些可以参考的葫芦

前面说到所谓的葫芦就是科学效应，是各领域的定律，是一种日常生活现象的描述或者自然规律的描述，如温室效应、木桶效应、光电效应、伯努利效应等，它涵盖的范围比较广，主要有几何、物理、化学、生物等领域。狭义来说，科学效应是一种能使物体或系统实现某种功能的"能量"和"作用力"。

目前已知的科学效应有数千种，常用的有100种，以下介绍几种常见的科学效应及其应用。

（1）爆炸

爆炸是某一物质系统在发生迅速的物理变化或化学反应时，系统本身的能量借助于气体的急剧膨胀而转化为对周围介质做的机械功，同时伴随有强烈放热、发光和声响的效应。由于急剧的化学反应被限制在一定的环境内，导致气体剧烈膨胀，使密闭环境的外壁损坏甚至破裂、粉碎，造成爆炸。

实际应用：开发矿洞，拆除建筑，掘进地道，修整、开挖隧道，在山体中或混凝土构件中拉开裂缝等，如图7-1所示。

图7-1　爆炸效应

（2）磁性材料

磁性材料主要是指由过渡元素铁、钴、镍及其合金等组成的能够直接或间接产生磁性的物质。

实际应用：电声、电信、电表、电机中都应用了磁性材料；磁性材料还可用于记忆元件、微波元件等，如记录语言、音乐、图像信息的磁带；用于计算机的磁性存储设备；用于乘客乘车的凭证和票价结算的磁性卡等（图7-2）。

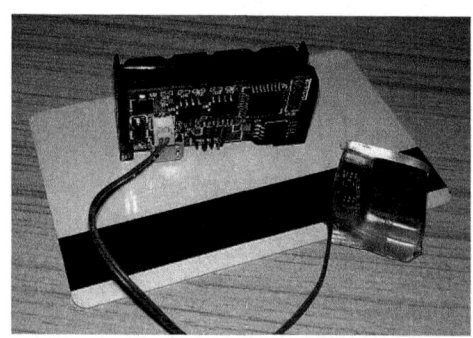

图7-2　磁性效应

（3）共振

系统受外界激励作强迫振动时，若外界激励的频率接近系统频率，强迫振动的振幅可能达到非常大的值，这种现象叫共振。

实际应用：制造超声工具、机械仪器和装置；利用原子、分子共振可以制造各种光源（如日光灯、激光）、电子表、核磁共振［图7-3（a）］、原子钟等。20世纪中叶，法国里昂市附近一座长102米的桥，因一队士兵在桥上齐步走的步伐频率与桥的固有频率相近，引起桥梁共振，振幅超过桥身的安全限度，造成桥塌人亡，如图7-3（b）所示。

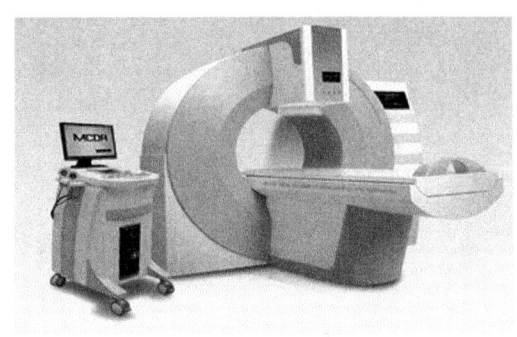

（a）核磁共振　　　　　　　　　　（b）桥共振倒塌

图7-3　共振效应

（4）压电效应

压电效应是指某些电介质在沿一定方向上受到外力的作用而发生变形时，其内部会产生极化现象，同时在它的两个相对表面上出现正负相反的电荷，而当外力去掉后，它又会恢复到不带电的状态，如图7-4所示。

实际应用：压电聚合物换能器、传感器和驱动器，超声电机、压电打火机及燃气灶点火器，炮弹触发信号。

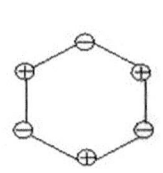
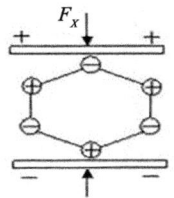
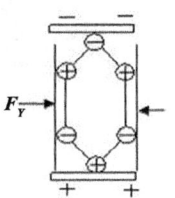

图7-4　压电效应

（5）折射

波在传播过程中，由一种介质进入另一种介质时，传播方向发生偏折的现象称为波的折射。

实际应用：池水看起来变浅，吸管在水中"折断"［图7-5（a）］，瞄准鱼的下方才能叉到鱼［图7-5（b）］，海市蜃楼等。

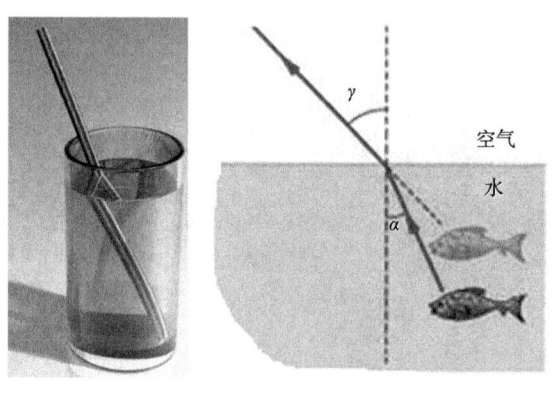

（a）吸管的折射　　　（b）鱼的折射

图7-5　折射

（6）电磁感应

电磁感应是指闭合电路的一部分导体在磁场中作切割磁感线的运动时，导体中就会产生电流，如图7-6所示。

实际应用：发电机、感应马达、电磁炉、动圈式话筒、变压器等电工、电子技术、电气化、自动化等方面。

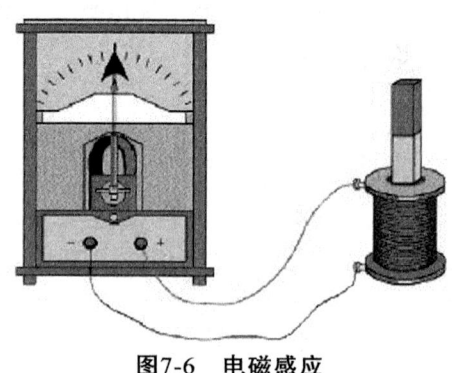

图7-6　电磁感应

(7) 放电

放电就是使带电的物体不带电。放电并不是消灭了电荷，而是引起了电荷的转移，正负电荷抵消，使物体不显电性。放电的方法主要有接地放电、尖端放电、火花放电、中和放电等。

实际应用：日光灯的启辉器，金属加工、等离子体表面处理，静电复印、静电喷涂、电气集尘、闪电的产生等（图7-7）。

图7-7　放电

(8) 光谱

光谱是复色光经过色散系统（如棱镜、光栅）分光后，被色散开的单色光按波长或频率大小而依次排列的图案，全称为光学频谱。例如，太阳光经过三棱镜后形成按红、橙、黄、绿、青、蓝、紫依次连续分布的彩色光谱（图7-8）。

实际应用：环境污染物的检测，材料成分的检测，生物组织机能和结构的定量分析，燃烧诊断等。

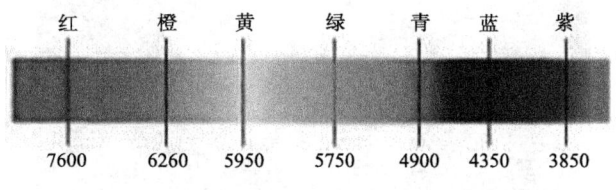

图7-8　光谱

（9）伯努利定律

当流体流动的速度加快，物体与流体接触面上的压力会减小，反之压力会增加。

实际应用：飞机机翼，如图7-9所示；喷雾器、汽油发动机的汽化器；足球场上的"香蕉"球（弧线球）等。

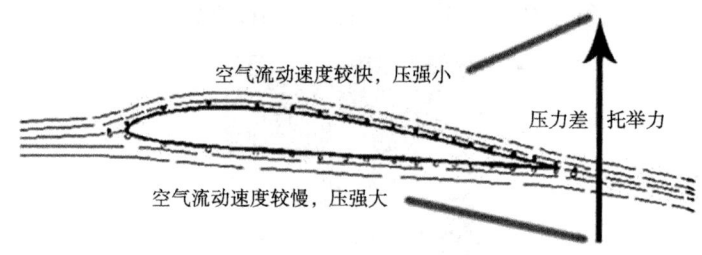

图7-9　伯努利定律

（10）电弧

由焊接电源供给，在两极间产生强烈而持久的气体放电现象称为电弧，如图7-10所示。电弧是高温高电导率的游离气体，它不仅对触头有很大的破坏作用，而且使电路断开的时间延长。

实际应用：整流器、电弧加热器、电弧等离子体气炬、电弧焊接、电弧炉；电弧还可作为强光源（如弧光灯）、紫外线源（如太阳灯）或强热源。

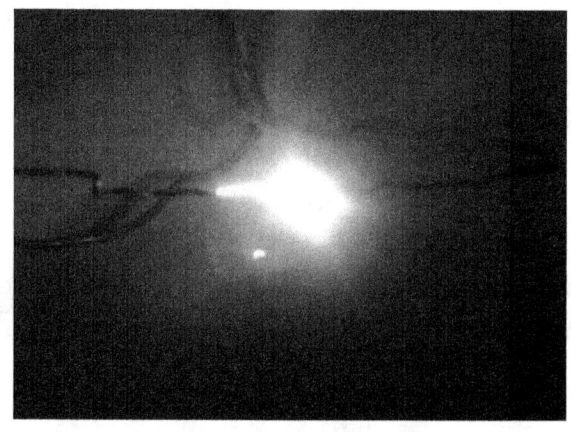

图7-10　电弧

2. 按图索骥

在解决实际问题的过程中，往往需要多个不同专业的知识，如各种各样的物理效应、化学效应或几何效应，以及这些效应的某些方面。我们可以借助科学效应库，通过如下5个步骤（图7-11）解决实际问题。

（1）问题分析

首先根据问题的实际情况定义出解决此问题所需要的功能，并建立"How To"模型。"How To"模型是描述问题系统所需功能的一种定义问题的方法，其基本形式为"如何+动词+名词"，如如何提高温度、如何测量压强等。

（2）查找功能代码

从30个标准"How To"模型（功能代码表）中选择与问题所需功能相关的模型代码，构建问题模型。30个标准"How To"模型是阿奇舒勒对众多专利问题中要实现的功能加以归纳总结而提出的。

（3）查询科学效应

结合科学效应对应表，根据"How To"问题模型代码查找相应的TRIZ推荐的科学效应和现象。

（4）效应取舍

对TRIZ推荐的多个科学效应和现象逐一筛选，找到适合本问题的科学效应。

（5）方案制定

查找该科学效应的详细解释，结合专业知识与行业经验，将该效应应用于问题解决，形成最终的解决方案。

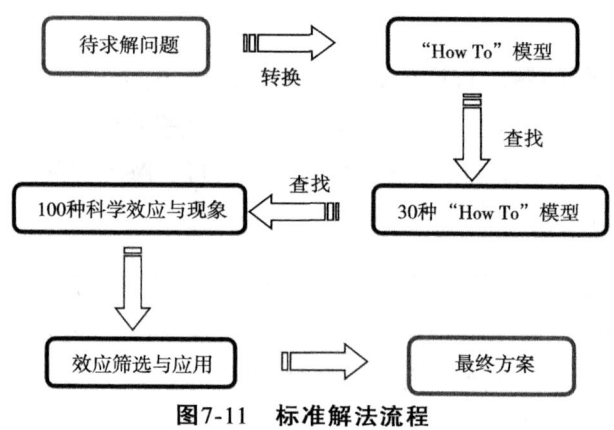

图7-11　标准解法流程

3．实例故事

实例故事1：感温汤匙

前几天，尹问特的妈妈答应邻居帮忙照料小婴儿。患感冒的妈妈悉心看护小婴儿，吃饭时还细心地盛起食物舔一舔、吹一吹，确保食物不烫，才喂给小婴儿吃。尹问特觉得这样做很容易把感冒病菌传染给婴儿，要是给妈妈带上口罩给婴儿喂食，又不能感知食物的温度。该怎么办？

尹问特想着能不能把汤匙改造一下。他决定采用科学效应库方法对问题加以分析。分析得出，关键问题是如何让汤匙感知温度。根据30种"How To"模型查找与之相关概念的模型。由于该问题主要实现的功能是感应温度，可以快速地选择模型——测量温度（F01），借助效应表，查找对应的科学效应，有热膨胀、热双金属片、汤姆逊效应、热电现象、热电子发射、热辐射、电阻、热敏性物质、居里效应、巴克豪森效应、霍普金森效应等共12个，详细研究每个效应的解释后选择热敏性物质。由于热敏性物质在受热时能发生极速变化，可用来表示温度变化。

尹问特将汤匙头部材料改为一种热可塑橡胶的感温材料，这种材料的颜色能根据温度的变化而变化，当食物超过一定温度（一般婴儿进食温度为30~40℃），汤匙就会变色，据此设计出了一款可感应温度的汤匙，如

图7-12所示。

图7-12 感温汤匙

实例故事2：神秘的坑洞

暑假期间，尹问特和父母去一个小森林露营，途中发现了一个神秘坑洞，如图7-13所示，好奇的尹问特想知道这坑洞究竟有多深，说不定可以爬进去挖宝藏。可是，尹问特并没有什么仪器可以测量。尹问特试着采用科学效应库方法解决他当前的疑问。

图7-13 坑洞

通过分析，问题的关键是如何确定坑洞的底部，然后测量深度。通过30种"How To"模型找到与之相关概念的模型——探测物体的位移和运动（F05），接着根据科学效应表查找这个模型对应的科学效应，其中有标记物、发光、发光体、磁性材料、永久磁铁、反射、感光材料、光谱、放射现象、弹性变形、塑性变形、电场、磁场、电晕放电、电弧、火花放电。

尹问特选择了发光体——能发出可见光、自身能发光的物质。他先把细长绳子的一端拴上荧光棒，而后将荧光棒放置在坑洞的底部，这样既可以观察神秘的洞底，又可以根据放下绳子的长度间接测量坑洞的深度。

实例故事3：结冰的电线

下雪了，大雪不一会儿就给大地铺上了一层厚厚的白色地毯。尹问特透过窗子看着这美丽的景色，突然发现外面的输电线也铺满一层冰霜，雪这样压着输电线很危险，容易造成线路跳闸、输电线路塔损坏等严重后果，应及时清除冰雪（图7-14）。

图7-14 结冰的电线

以往，人们为了能快速、有效去除地面上的雪，通常会在地面上撒盐使冰雪融化，但应用于输电线上不太可行。尹问特觉得不如用科学效应来解决这个问题。他分析了该问题的关键——如何（在寒冷的冬天）去除电线上的冰雪。除了撒盐，加热升温是融解冰雪的不二之选。通过查找功能代码表，查找到提高温度（F03），根据效应对应表，推荐的科学效应有电磁感应、电介质、焦耳-楞次定律、放电、电弧、吸收、发射聚焦、热辐射、珀耳帖效应、热电子发射、汤姆逊效应、热电现象等。

经过逐一分析，尹问特选择了电磁感应效应——闭合电路的导体在磁场中作切割磁感线的运动时，导体中就会产生电流。由于强输电线具有交变的磁场，选择铁氧体环作为闭合导体，铁氧体就可以产生感应电流，并伴有焦耳热产生，借助电磁感应带来的热量可以使冰雪迅速融解。

但考虑铁氧体环会常年为电线加热,天气炎热时会对输电线造成损害,需要进一步结合居里效应——磁物质加热到一定的临界温度,由于金属点阵的热运动加剧,磁畴遭到破坏时,铁磁物质将转变为顺磁物质,磁滞现象消失。结合铁磁性材料的临界点(简称居里点),当外界温度低于0℃时能产生电磁感应,对输电线加热,融解冰雪,高于0℃时磁性消失,不产生任何反应。

尹问特有效结合电磁感应效应和居里效应解除了冰雪给输电线带来的隐患,对输电线的搭建、维护起到了重要的作用。

实例故事4:玫瑰花

吃完晚餐后,尹问特出去散步,经过一个花店,看见美丽的玫瑰花,给妈妈也买了一束,可是其中有些玫瑰花还未盛放,还是花苞呢。尹问特向花店老板反映情况,可是老板斩钉截铁地保证会开花。半信半疑的尹问特一边走着,一边思索着花店老板是怎么保证花苞能绽放的(图7-15)。

图7-15 玫瑰花

尹问特决定使用科学效应库方法来寻找他的答案。尹问特分析,花苞是否开花应该取决于花苞体内的某些生长素或物质,那么如何测量花苞体内的物质是问题的关键。他查找了与之相关概念的"How To"模型,选择检查物体容量的状态和性征(F22),根据效应对应表,推荐的科学效应有标记物、发光、发光体、磁性材料、永久磁铁、电阻、反射、折射、感光材料、光谱、发光体、放射现象、X射线、电-光和磁-光现象、固体的（场致、电致）发光等19种效应。

尹问特对每个效应进行了分析与理解，结合一些生物知识，选择了标记物——在材料中引入标记物，可以简化对混合物中包含成分的辨别工作，使有标记物的运动和过程的追踪更加容易。荷兰的瓦吉宁根农业大学的研究人员曾指出玫瑰花苞的淀粉含量少于干花苞质量的10%时，它是不会开花的。而据我们所知，淀粉遇碘就会产生蓝色。在剪下的玫瑰花苞中加入碘液，做颜色反应测试，观察颜色的变化范围，判定花苞中淀粉的含量，从而确保花苞能否变成美丽的花儿。

实例故事 5：惊魂记

晚上的自习课，尹问特和他的同学小福想上洗手间。当小福打开洗手间的灯时，发现灯泡一闪一闪的，显得格外恐怖，吓得小福连忙往回跑。镇定自若的尹问特怀疑灯泡的内部气压不符合制造要求，但灯泡内的气体非常少，且气体密封于灯泡内部，很难通过压力仪器进行测量，唯有通过科学效应库方法寻求帮助（图7-16）。

图7-16　灯泡

尹问特思考，该问题需要实现的功能是测定灯泡内部的压力，因此问题的关键是如何探测灯泡内部的气体，以确定灯泡内部的压力，即所需要实现的功能为测量气压，找到与之相关概念的"How To"模型——检查表面状态和性质（F20），对应的科学效应有电晕放电、电弧、火花放电、反射、感光材料、光谱、发光体、放射现象等。经过分析，发现只有电晕的出现是依赖于气体成分和导体周围的气压，因此选用电晕放电效应，解决测量灯泡内部压力的问题。

在电灯泡灯口加上高电压，产生类似闪电形状的光，由于灯泡的光亮度是依赖于灯泡内部的气压的，从而可观察得知灯泡内部气压的高低。

后记　回顾下旅程，准备再出发

看到这里，尹问特的TRIZ之旅就要结束了，大家跟随他学习了TRIZ理论的基本知识，包括TRIZ创新思维方法、技术进化方法、发明技巧40计（40条发明原理）、矛盾求解方法、物质-场分析方法、科学效应库方法等。

TRIZ创新思维方法帮助人们快速发散思维或变换思维，它有时不能直接解决问题，主要给出克服惯性思维的路径，协助人们寻找解决问题的资源。

技术进化方法给出了8条具体的技术进化法则，应用这些法则可以直接解决一些问题，或者确定产品改进的方向及新产品设计策略，并可以分析技术进步的方向。

发明技巧40计给出了技术改进或重新设计的40个具体的方法，有重要的启示和促进作用，能够指导人们具体操作。

矛盾求解方法告诉了我们如何处理矛盾问题。对于技术矛盾，先找出矛盾双方，用标准参数描述这个矛盾，而后查询冲突矩阵（附录D），找到推荐的发明技巧，最后根据这些发明技巧的提示建立实际问题的解决方案。对于物理矛盾，采用分离原理求解，也可以找到相应的发明技巧实施分离工作。

物质-场分析方法告诉了我们不完善模型如何求解，即先建立物质-场模型，针对模型的缺陷类型寻求一般解法或者标准解法（附录B），最后根据这些解法的建议针对实际问题建立解决方案。

当我们碰到"怎么做"的问题时，科学效应库方法就会给我们有效的指导，根据实际问题，建立"How To"模型，查询标准的"How To"模型及科学效应与"How To"模型的对应表（附录C），得到推荐的科学效应，之后将这些科学效应应用于实际问题，提出解决方案。

从旅程中我们看到了TRIZ理论解决问题的过程：首先，将实际问题转化为问题模型；其次，针对不同的问题模型应用不同的TRIZ工具，得到解决方案模型；最后，将这些解决方案模型应用到具体的问题中，提出实际问题的解决方案。

TRIZ理论的内容庞多，全部掌握需要大量的时间，同时TRIZ理论本身也有很多值得挖掘、改进、探讨的地方。本书仅对TRIZ理论的基本知识做了一些介绍，希望尹问特的TRIZ之旅能够引起大家对TRIZ和创新的兴趣，为我们解决生活、工作和学习中遇到的一些难题提供思路，也希望大家继续参与到TRIZ与创新的工作中，为创新方法推广、应用及产品改进、技术创新做出自己的贡献！

参考文献

[1] 江帆. TRIZ创新应用与创新工程教育研究[M]. 北京：北京理工大学出版社，2013.

[2] 江帆. TRIZ与可拓学比较及融合机制研究[M]. 北京：北京理工大学出版社，2015.

[3] 江帆. 机械原理[M]. 北京：机械工业出版社，2013.

[4] 张明勤，范存礼，王日君，等. TRIZ入门100问——TRIZ创新工具导引[M]. 北京：机械工业出版社，2012.

[5] Jiang Fan. Application idea for TRIZ theory in innovation education[J]. Proceedings of the 5th International Conference on Computer Science & Education, 2010（8）：1535-1540.

[6] Jiang Fan, Zhang Chunliang, Wang Yijun. Study on teaching methodology of the TRIZ theory[J]. 2010 International Conference on Education and Sports Education, 2010（7）：57-60.

[7] Jiang Fan, Yu Juan, Liang Zhongwei, et al. The plan research on the mechanical foundation experiment system combined with TRIZ theory[J]. 2010 International Conference on Education and Sports Education，2010（7）：61-64.

[8] Jiang Fan, Zhang Chunliang, Xiao Zhongmin. Study on innvovative training system in local university based on TRIZ theory[J]. Lecture Notes in Electrical Engineering，2011（111）：301-307.

[9] 江帆. TRIZ工程创新教育理论初探[J]. 井冈山大学学报（自然科学版），2011，32（2）：123-126.

[10] 江帆，孙骅，胡一丹，等. 基于TRIZ理论的机械基础创新实验教学体系的构

建[J]. 装备制造技术, 2010 (2): 190-192.

[11] 江帆, 孙骅, 庾在海, 等. 基于TRIZ理论机械原理实验教学实施策略研究[J]. 理工高教研究, 2010, 29 (3): 108-110.

[12] 江帆, 孙骅, 王一军, 等. TRIZ理论在机械原理实验教学管理中的应用[J]. 实验科学与技术, 2010, 8 (2): 140-143.

[13] 江帆, 等. 基于TRIZ理论的滚筒球磨机密封结构创新设计[J]. 矿山机械, 2010, 38 (5): 70-72.

[14] 江帆, 等. 基于TRIZ理论的教学仪器——汽车气体污染测试舱设计[J]. 现代制造技术与装备, 2010 (2): 10-11.

[15] Jiang Fan, et al. Design of 3D acceleration sensor based on TRIZ theory[J]. Sensor Letter, 2013, 11 (12): 2257-2263.

[16] Jiang Fan, et al. Collection mode optimization of casting dust based on TRIZ[J]. Advanced Materials Research, 2010 (97-101): 2695-2698.

[17] Jiang Fan, Wang Yijun, Xiang Jianhua, et al. Design of the soymilk mill based on TRIZ theory[J]. Advance Journal of Food Science and Technology, 2013, 5 (5): 530-538.

[18] Jiang Fan, Zhang Chunliang, Wang Yijun, et al. The application mechanism of TRIZ in CDIO mechanical theory teaching[J]. Advanced Science Letters, 2012, 12 (6): 367-371.

[19] 江帆, 王一军, 胡一丹. 基于TRIZ理论的机构创新设计实例分析[J]. 广州大学学报（自然科学版）, 2013, 12 (1): 75-60.

[20] 江帆, 杨鹏海. TRIZ理论与可拓学的融合方法研究[J]. 广州大学学报（自然科学版）, 2014, 13 (6): 59-53.

[21] 江帆, 方伟中, 岳鹏飞, 等. 基于TRIZ与可拓学的半自动手推叉车设计[J]. 广州大学学报, 2016, 15 (2): 76-80.

[22] 江帆, 张春良, 王一军, 等. 基于可拓学的CDIO教学管理研究[J]. 教学研究, 2013, 36 (5): 39-41.

[23] 江帆, 方伟中, 岳鹏飞. 基于理想优度的包装升降装置运动方案设计[J]. 包装工程, 2016, 37 (7): 11-15.

[24] 成思源，周金平，郭钟宁. 技术创新方法——TRIZ理论及应用[M]. 北京：清华大学出版社，2014.

[25] 根里奇·阿奇舒勒. 创新40法——TRIZ创造性解决技术问题的诀窍[M]. 成都：西南交通大学出版社，2004.

[26] 周苏，陈敏玲. 创新思维与科技创新[M]. 北京：机械工业出版社，2016.

[27] 檀润华. TRIZ及应用——技术创新过程与方法[M]. 北京：高等教育出版社，2010.

[28] 孙永伟，谢尔盖·伊克万科. TRIZ：打开创新之门的金钥匙I[M]. 北京：科学出版社，2015.

附录 A　39 个通用工程参数

表 A-1　39 个通用工程参数

序号	名称	序号	名称	序号	名称
1	运动物体的重量	14	强度	27	可靠性
2	静止物体的重量	15	运动物体的作用时间	28	测量精度
3	运动物体的长度	16	静止物体的作用时间	29	制造精度
4	静止物体的长度	17	温度	30	作用于物体的有害因素
5	运动物体的面积	18	照度	31	物体产生的有害因素
6	静止物体的面积	19	运动物体的能量消耗	32	可制造性
7	运动物体的体积	20	静止物体的能量消耗	33	可操作性
8	静止物体的体积	21	功率	34	可维修性
9	速度	22	能量损失	35	适应性及通用性
10	力	23	物质损失	36	系统的复杂性
11	应力或压强	24	信息损失	37	控制和测量的复杂性
12	形状	25	时间损失	38	自动化程度
13	稳定性	26	物质的量	39	生产率

TRIZ 中 39 个通用工程参数及其含义如下。

①运动物体的重量：在重力场中运动物体所受到的重力，如运动物体作用于其支撑或悬挂装置上的力。

②静止物体的重量：在重力场中静止物体所受到的重力，如静止物体作用于其支撑或悬挂装置上的力。

③运动物体的长度：运动物体的任意线性尺寸，不一定是最长的，都

认为是其长度。

④静止物体的长度：静止物体的任意线性尺寸，不一定是最长的，都认为是其长度。

⑤运动物体的面积：运动物体内部或外部所具有的表面或部分表面的面积。

⑥静止物体的面积：静止物体内部或外部所具有的表面或部分表面的面积。

⑦运动物体的体积：运动物体所占有的空间体积。

⑧静止物体的体积：静止物体所占有的空间体积。

⑨速度：物体的运动速度，即过程或活动的位移与时间之比。

⑩力：两个系统之间的相互作用。对于牛顿力学，力等于质量与加速度之积。在TRIZ中，力是试图改变物体状态的任何作用。

⑪应力或压强：单位面积上的力。

⑫形状：物体外部轮廓或系统的外貌。

⑬稳定性：系统的完整性及系统组成部分之间的关系。磨损、化学分解及拆卸都会降低稳定性。

⑭强度：物体抵抗外力作用使之变化的能力。

⑮运动物体的作用时间：运动物体完成规定动作的时间、服务期。两次误动作之间的时间也是作用时间的一种度量。

⑯静止物体的作用时间：静止物体完成规定动作的时间、服务期。两次误动作之间的时间也是作用时间的一种度量。

⑰温度：物体或系统所处的热状态，包括其他热参数，如影响改变温度变化速度的热容量。

⑱照度：单位面积上的光通量、系统的光照特性，如亮度、光线质量。

⑲运动物体的能量消耗：运动物体做功的一种度量。在经典力学中，能量等于力与距离的乘积。能量也包括电能、热能及核能等。

⑳静止物体的能量消耗：静止物体做功的一种度量。在经典力学中，能量等于力与距离的乘积。能量也包括电能、热能及核能等。

㉑功率：单位时间内所做的功，即利用能量的速度。

㉒能量损失：为了减少能量损失，需要不同的技术改善能量的利用。

㉓物质损失：部分或全部、永久或临时的材料、部件或子系统等物质的损失。

㉔信息损失：部分或全部、永久或临时的数据损失。

㉕时间损失：一项活动所延续的时间间隔。改进时间损失是指减少一项活动所花费的时间。

㉖物质的量：材料、部件及子系统等的数量，它们可以被部分或全部、临时或永久地改变。

㉗可靠性：系统在规定的方法及状态下完成规定功能的能力。

㉘测量精度：系统特征的实测值与实际值之间的误差。减小误差将提高测量精度。

㉙制造精度：系统或物体的实际性能与所需性能之间的误差。

㉚作用于物体的有害因素：物体对受外部或环境中的有害因素作用的敏感程度。

㉛物体产生的有害因素：是由物体或系统操作的一部分而产生的，这些有害因素将降低物体或系统的效率，或完成功能的质量。

㉜可制造性：物体或系统制造过程中简单、方便的程度。

㉝可操作性：要完成的操作应需要较少的操作者、较少的步骤且使用尽可能简单的工具。一个操作的产出要尽可能多。

㉞可维修性：对于系统可能出现的失误进行的维修，要时间短、方便和简单。

㉟适应性及通用性：物体或系统响应外部变化的能力，或应用于不同条件下的能力。

㊱系统的复杂性：系统中的元件数目及多样性。如果用户也是系统中的元素，将增加系统的复杂性。掌握系统的难易程度是其复杂性的一种度量。

㊲控制和测量的复杂性：如果一个系统复杂、成本高，需要较长的时间建造及使用，或部件与部件之间关系复杂，都会使得系统的监控与测试

困难。测试精度高、增加了测试的成本也是测试困难的一种标志。

㊳自动化程度：系统或物体在无人操作的情况下完成任务的能力。自动化程度的最低级别是完全人工操作；最高级别是机器能自动感知所需的操作、自动编程和对操作自动监控；中等级别是指需要人工编程、人工观察正在进行的操作、改变正在进行的编程及重新编程。

㊴生产率：单位时间内完成的功能或操作数。

附录 B 76 个标准解系统

表 B-1 第一级——物质-场建立与破坏的 13 条标准解法

标准解编号	问题描述	问题模型	解决方案模型	案例
1.1 建立物质-场模型				
1.1.1 不完整的物质-场模型补全	标准解法1，在建立物质-场模型时，如果发现仅有一种物质S_1和一个相互作用场F，只有这样才可以使系统具备必要功能，就要增加第二种物质S_2	S_1 或者 S_1 S_2 或者 S_1 F	F作用于S_1和S_2	用螺丝刀（S_2）拧螺钉（S_1）。作为一个完整的系统，必须有螺钉（S_1）和螺丝刀（S_2），才能实现作用于螺钉上的机械场（F）拧松螺钉的功能
1.1.2 向内部复杂物质-场模型跃迁	标准解法2，如果系统按需改变对象无法实现，可以在S_1或者S_2中引入一种永久的或者临时的内部添加物S_3，帮助系统实现功能	F作用S_1	F作用(S_2(S_3))作用S_1	当菜汤太咸时，可以在汤（S_2）中添加水（S_3）
1.1.3 向外部复杂物质-场模型跃迁	标准解法3，与1.1.2相同的情况下，也可以在S_1和S_2的或者临近的外部引入一种永久的或者临时的外部添加物S_3	F作用S_1	F作用S_3作用S_1	可以在轴承滚珠（S_2）上涂润滑脂（S_3），改善滚珠与轴承座（S_1）组成的技术系统的功能
1.1.4 向环境物质-场跃迁	标准解法4，如果不允许在物质的内部或者外部引入添加物，可以利用环境中已有的（超系统）资源实现需要的变化	F作用S_1	F作用 超系统S 作用S_1	热气球（S_1）在空中晃动较大时，利用重物（S）作为压舱物

续表

标准解编号	问题描述	问题模型		解决方案模型	案例
1.1.5 通过改变环境向环境跃迁	标准解5，与1.1.2相同的情况下，如果不允许在物质内部的内部或外部引入添加物，可以通过在环境中引入添加物来解决问题		⇒	改进的超系统	芯片（S_2）发热量较大，使得机箱内温度过高。可在机箱（S_1）内加上风扇（S）散热
1.1.6 向具有物质最小作用的场跃迁	标准解6，有时候很难精确地表达需要的物质，通过多施加需要的物质，然后再把多余的部分去掉		⇒		护士用注射器抽取药液（S_1），很难直接用注射器（S_2）抽取的量，如果多抽取（S）一些，而后排出，相对容易实现所需的药液量
1.1.7 向具有对于物质最大许达到要作用的场跃迁	标准解7，如果由于各种原因不能允许达到要求的最大化，则让最大化的作用通过另一个物质S_2传递给S_1		⇒		有些食物（S_1）比较难炒熟，长时间爆炒会烧糊，可以在锅里加水（S_2）。因为加热食物（S_1）把热量传递给食物（S_1），温度不可能超过水的沸点，所以不会烧焦食物
1.1.8 引入保护性物质	标准解8，系统中同时需要很强和很弱的场，则在给弱系统施以很强场作用的地方引入物质S_3起到保护作用		⇒		针剂药瓶（S_1）需要高温火焰封口，会使药瓶内的药物（S_2）分解。可以采用水（S_3）保护药瓶，将药瓶盛药的部分浸入水中，使药液保持在安全的温度之内，免遭破坏
1.2	物质-场模型的破坏，消除或抵消系统内的有害作用				
1.2.1 通过引入外部物质消除有害关系	标准解9，当系统中同时存在有用的、有害的作用，此时如果无法限制引入S_1和S_2接触，可以在S_1和S_2之间引入S_3，从而消除有害作用		⇒		冬天用手（S_1）洗菜时用冷水（S_2），戴手套（S_3）就可以隔离冷水（S_2）的有害作用

续表

标准解编号	问题描述	问题模型	解决方案模型	案例
1.2.2 通过改变现有物质消除有害关系	标准解法10，同1.2.1，但是不允许引入新的物质S_3，此时可以改变S_1或S_2来消除物质有害作用，如利用空穴、真空、空气、气泡、泡沫等，或者加入一种物质，这个场可以实现所需添加物质的作用	(F)—(S_2)～(S_1)	(F)—(S_2)～(S_1)—(S_2')	冰鞋(S_1)在冰面(S_2)上滑冰时，冰表面坚硬(F_1)有助于冰鞋的平滑运动，但冰鞋与冰面之间的摩擦(F_1)妨碍了连续滑动，只有快速滑动时，高速摩擦使冰发热，产生水(S_2')，水大幅降低了摩擦并有利于滑动
1.2.3 通过消除场的有害作用消除有害关系	标准解法11，如果某个场对物质S_1产生了有害作用，可以引入物质S_2来吸收有害作用	(F)～(S_1)	(F)—(S_2)→(S_1)	为了消除高温汤碗的高热量(F)对手的有害作用，可在汤碗下面加一个托盘(S_2)
1.2.4 采用场抵消有害关系	标准解法12，如果系统中同时存在有用作用和有害作用，而且S_1和S_2必须直接接触，可通过引入F_2来抵消F_1的有害作用，或将有害作用转换为有用作用	(F)—(S_2)～(S_1)	(F_1)—(S_2)—(F_2)—(S_1)	胳膊扭伤后需要固定恢复，绷带(S_2)作用于胳膊(S_1)起到固定作用(F_1)，但肌肉长期不活动会萎缩，造成有害作用。为了防止肌肉肌腱的萎缩，在物理治疗阶段向肌肉加入一个脉冲电场
1.2.5 采用场"关闭"磁力链	标准解法13，系统内某导致有害作用，此时可能一部分处于居里点以上，或者引入一种相反的磁场	(F)—(S_1)～(S_2)磁场	(F_1)—(S_1)—(F)—(S_2)磁场	使具有磁铁介质的研磨颗粒(S_2)在旋转磁场F的作用下打磨工件的内表面。如果工件是磁铁材料的工件(S_1)，其本身对磁场的响应会影响加工过程。解决方案是提前将工件加热到居里温度以上

表 B-2 第二级——增加柔性和移动性的 23 条标准解法

标准编号	问题描述	问题模型	解决方案模型	案例
2.1				
2.1.1 向链式物质-场跃迁的常规变形式	标准解14，将单一的物质-场模型转化成链式模型。转化的方法是引入一个S_3，让S_2产生一个场F_2作用于S_3，同时S_3产生场F_1作用于S_1			用大锤砸石头，将石头分解。为了增强分解功能，可以在锤子（S_2）和石头（S_1）之间加入凿子（S_3）。锤子（S_2）的机械场（F_2）传递给凿子（S_3）的机械场（F_1）传递给石头（S_1）
2.1.2 向双物质-场跃迁	标准解15，双物质-场模型：现有系统的有用作用F_1不足，需要进行改进，但是又不允许引入新的元件或物质。这时可以加入第二个场F_2，增强F_1的作用			用电镀法生产铜片，在铜片表面会残留少量的电解液。用水（S_2）清洗不能有效地除掉这些电解液，增加一个场（机械振动或者超声波F_2），就容易清洗铜片上残留的电解液了
2.2				
2.2.1 向具有可控场的物质-场跃迁	标准解16，用更加容易控制的场代替原来不容易控制的场上，或者叠加到不容易控制的场上。可按以下路线取代一个场：重力场→机械场→电场或者磁场→辐射场			在机械加工中，采用对工件（S_1）施加热作用（F_2）的激光刀具（S_2）代替对工件（S_1）施加机械作用（F_1）的刚性刀具
2.2.2 向带有工具分散物质的物质-场跃迁	标准解17，提高完成工具功能的物质分散（分裂）度			普通钢筋混凝土由钢筋（S_1）加混凝土（S_2）组合而成。如果用一些钢丝段（S）代替粗钢筋，能制造出"针式"混凝土，这种混凝土可以增强结构性能

续表

标准解编号	问题描述	问题模型	解决方案模型	案例
2.2.3 向具有毛细管多孔物质的物质-场跃迁	标准解18, 在物质中增加空穴或毛细结构。具体做法是：固体物质→带一个孔的固体物质→带多孔的固体物质（多孔物质）→毛细管多孔结构→带有限孔结构（和尺寸）的毛细管多孔物质	F—S₁ ～～ S₂ ⇒	F—S porous ← S₂	采用基于多孔硅（S）的毛细管多孔结构替代一组针状点电积,作为平面显示器的阴极
2.2.4 向柔性适应性物质-场跃迁	标准解19, 如果物质-场系统中具有刚性、永久和非弹性元件, 可通过使系统具有更好的柔韧性、适应性、动态性来改善其效率	F—S₁ -- S₂ ⇒	[F—S₁ ← S₂]	风力发电机座的底部安装活动的铰座,有助于叶片(S₁)在风(S₂)的作用下随时保持顺风方向
2.2.5 向动态化物质-场跃迁	标准解20, 用动态场替代静态场, 以提高物质-场系统的效率	F—S₁ -- S₂ ⇒	F#—S₁ ← S₂	利用驻波（F#）固定液体（S₂）中的微粒（S₁）
2.2.6 向非均匀物质-场跃迁	标准解21, 将均匀的物质空间结构变成不均匀的物质空间结构	F—S₁ -- S₂ ⇒	F—S₁ ← S₂#	由均质刀具（S₂）向多层复合材料,自锐化的刀具（S₂#）跃迁,可增加工件（S₁）的数量和质量
2.3	频率的协调			
2.3.1 向具有作用匹配频率和产品固有频率的物质-场跃迁	标准解22, 使作用F的频率与物质S₁和S₂的频率相协调	F—S₁ -- S₂ ⇒	F_f0—S₁ ← S₂_f0	振动破碎机（S₂）的振动频率（F_f0）必须与被破碎材料（S₁）的固有频率一致

175

续表

标准解编号	问题描述	问题模型	解决方案模型	案例
2.3.2 向具有作用 (F_1) 和 (F_2) 匹配频率的物质-场跃迁	标准解23，使场F_1与场F_2的频率互相协调与匹配		⇒	对于手机械振动(F_1)的不利作用，通过产生一个与其振幅相同但是方向相反的振动(F_2)来消除
2.3.3 向具有合并作用的物质-场跃迁	标准解24，两个独立的动作，可以让一个动作在另一个动作停止的间隙中完成		⇒	当信息通过两个频道(F_1)和(F_2)在同一频带内由发射器(S_2)向接收器(S_1)传输时，一个频道的传输发生在另一个频道的停歇期间
2.4	利用磁场和铁磁材料			
2.4.1 向原铁磁场跃迁	标准解25，在物质-场一中加入铁磁物质和磁场		⇒	将报纸(S_2)贴在墙面(S_1)上，采用磁铁表面和小磁铁代替图钉或者透明胶带
2.4.2 向铁磁场跃迁	标准解26，将标准解2.2.1（应用更可控的场）与2.4.1（应用磁铁材料）结合在一起		⇒	橡胶模具(S_2)的刚度可以通过加入铁磁物质和磁场控制

续表

标准解编号	问题描述	问题模型	解决方案模型	案例
2.4.3 从基于磁性结构的铁磁流体向低效磁场铁磁场跃迁	标准解法27，运用磁流。磁流体可以是悬浮有磁性颗粒的煤油、硅树脂或者水的胶状液体	F mag — (S_1) ← (S_2), F	⇒	F mag — (S_1) ← S ferrofluid, F	计算机马达的多孔旋转轴承中，用铁磁流体（S）代替纯润滑剂（S_2），可使其保留在轴（S_1）和轴承支架之间的缝隙中，同时可以提供毛细力
2.4.4 向基于磁性多孔结构的铁磁场跃迁	标准解法28，应用包含铁磁材料或铁磁液体的毛细管结构	F — (S_1) ← (S_2), F_1	⇒	S ferromicroporous — (S_1) ← F, F mag	过滤器的过滤管（S_1）中填充铁磁颗粒（S_2），形成毛细多孔一体结构，利用磁场可以控制过滤器内部的结构
2.4.5 向在 S_1 和（或）S_2 中引入添加物的外部复杂铁磁场跃迁	标准解法29，转变为复杂的铁磁场模型。如果原有的物质代替原有的某种物质，可以将铁磁物质作为某种物质的内部添加物而引入系统	F — (S_1) ← (S_2)	⇒	F mag — (S_1 S) micro ferro ← (S_2), 或 F mag — (S_1) ← (S_2 S) micro ferro, 或 F mag — (S_1) ← [S_2 S micro ferro], 或 F mag — (S_1 S_3 micro ferro) ← (S_2 S_{13} micro ferro)	为了使药物分子（S_2）到达身体需要的部位（S_1），在药物分子上附加磁铁微粒（S），并在外界磁场（F）的作用下引导药物分子转移到特定的位置

续表

标准解编号	问题描述	问题模型		解决方案模型	案例
2.4.6 向环境中的铁磁场跃迁	标准解法30，在标准解法2.4.5的基础上，如果物质内部也不允许引入铁磁添加物，可以在环境中引入，用磁场改变环境的参数	$S_1 \dashrightarrow S_2$	⇒	$F_{mag} \to S_3$ (microferro, super-system) $\to S$	将一个内部有磁性颗粒物质的橡胶垫（S_3）摆放在汽车（S_1）的上方，这个垫子可以保证在修车时人们需要用的工具（S_2）能被吸附住而随手可得，这样就不需要人们在汽车外壳内填入防止工具滑落的铁磁物质了
2.4.7 使用物理效应的铁磁场跃迁	标准解法31，如果采用了铁磁场系统，应用物理效应可以增加其可控性	F — microferro — F_{mag} — S	⇒	F — S_2 (microferro, effect) — F — S	磁共振成像
2.4.8 动态化铁磁场跃迁	标准解法32，应用动态的、可变的（或者自动调节的）磁场	F — microferro — S_2 — S	⇒	F_{mag}, variable — S_2 — microferro variable — S	将表面有磁性微粒的弹性球体放在一个不规则空心物体外部的感应器控制这个“磁性球"，使其与待测空心物体的内壁紧紧贴合在一起，从而达到精确测量的目的
2.4.9 有结构化场的铁磁场跃迁	标准解法33，利用结构化的磁场来更好地控制或移动铁磁物质颗粒	$F_1 \dashrightarrow S_2$ microferro	⇒	$F_1^\#$ — S microferro — S_1	可以在聚合物（S_1）中掺杂导电材料（S）来提高其传导率。如果排列导电材料是磁性的，可以通过磁场排列的内部结构，这样使用的材料很少，而传导率更高

续表

标准解编号	问题描述	问题模型	解决方案模型	案例
2.4.10 向节律匹配协调铁磁场跃迁	标准解法34，铁磁场模型的频率协调。在宏观系统中，利用机械振动加速铁磁颗粒的运动。在分子或者原子级别，利用测量对磁场发生响应的电子共振频率测定物质的组成	F→S---S₂ (F mag, S ferro)	$F^{\#}_{mag1+1}$, f_0, S₂, S ferro, $F^{\#}_{f01+1}$	每个原子都有各自的共振频率。这种利用了元件节律匹配的测量技术称作电子自旋共振（ESR）
2.4.11 向电磁场跃迁	标准解法35，应用电流产生磁场，而不是应用磁性物质	F→S---S₂	F_EL, S₂, F mag, F_EL, S₁	常规的电磁冲压中金属部件（S₁）采用了强大的电磁铁（S₂），该磁铁在坯板中产生涡电流，其磁场、脉冲磁场、排斥力（F_EL）足以将坯板的脉冲磁场、排斥力（S₁）压入冲压模
2.4.12 向采用电流变液体的电磁场跃迁	标准解法36，通过电场可以控制流变体的黏度	F→S---S₂	F electric, S ERF, S₁	在车辆的减振器中使用电流变液体（S）取代标准油，原因是标准油的黏度随着温度的上升（F）而降低

表 B-3 第三级——向超系统和微观级跃迁的 6 条标准解法

标准解编号	问题描述	问题模型	解决方案模型	案例
3.1	转化成双双系或者多系统			
3.1.1 将多个技术系统并入一个超系统	标准解法37，系统进化方式1a：创建双系统和多系统			在薄玻璃上打孔是很困难的，因为即使很小心，也很容易把薄薄的玻璃弄碎。可以用油做临时的粘贴物质，将薄玻璃砌在一起，变成一块"厚玻璃"，就便于加工了
3.1.2 改变双系统或者多系统之间的连接	标准解法38，改变双系统或者多系统之间的连接			面对复杂的交通状况，应在十字路口的交通指挥灯系统中增加前交通流量的信息，更好地适应各种复杂的交通变化
3.1.3 由相同元件向具有改变特征的元件的跃迁	标准解法39，系统进化方式1b：增加系统之间的差异性			在多头订书机的各头内装入不同种类的订书钉，如果在订书机上增加一个起钉器，订书机的作用就会更加丰富
3.1.4 由多系统向单系统的螺旋进化	标准解法40，进化后的双系统和多系统再次简化为单一系统			新型家用立体声系统是在一个外壳中加入多个音频设备组成

续表

标准解编号	问题描述	问题模型	解决方案模型	案例
3.1.5 系统及其元件之间的不兼容特性分布	标准解法41，系统进化其方式1c：部分或者整体表现相反的特性或功能	⇒		自行车的链条单节是刚性的，但整体上是柔性的
3.2 向微观级进化				
3.2.1 引入"聪明"物质来实现向微观级的跃迁	标准解法42，系统进化其方式2：转换到微观级别	⇒		计算机从巨型机到台式机、笔记本的发展

表 B-4 第四级——测量与检测的 17 条标准解法

标准解编号	问题描述	问题模型	解决方案模型	案例
4.1 间接方法				
4.1.1 采用变化问题代替检测和测量问题	标准解法43，改变系统，从而原来需要测量现在不再需要测量	⇒		加热系统的温度自动调节装置，可以用一个双金属片制成
4.1.2 测量系统的复制品或者图像	标准解法44，利用对象复制品，图像或图片代替直接操作对象	⇒		测量金字塔的高度，通过测量塔的阴影长度算出
4.1.3 测量对象变化的连续检测	标准解法45，用两次间断测量代替连续测量	⇒		柔韧物体的直径相互作用对象之间的匹配是否完好，但是实时测量它直接容易，可以测量它的最大直径和最小直径，确定其变化范围，进而判断是否达到要求

续表

标准编号	问题描述	问题模型	解决方案模型	案例
4.2	建立新的测量系统，将一些物质或场加入到已有的系统中			
4.2.1 测量物质—场的合成	标准解法46，如果物质一场系统（S_1）十分不便于检测和测量，就要通过完善基本物质—场结构求解	$S_1 \rightarrow F_1$	$F_0 \rightarrow S_1 \rightarrow F_2$	如果自行车内胎上有个很小的孔很难被发现，可以先给内胎充入空气，然后将内胎内压加压，精微施加压力，水中就会出现空气泡，从而找到内胎泄露的位置
4.2.2 引人易检测物的添加，实现复杂测对象状态的验证	标准解法47，测量引人的附加物。如果引人的附加物与原系统的相互作用可以通过附加物的变化进行转换	$F_0 \rightarrow S_1 \rightarrow F$	$F_0 \rightarrow S_1 \rightarrow S_3 \rightarrow F_1$	流动的空气很难观察，可以加入示踪剂，有色的示踪粒子随空气一起流动，就可以很好地观察空气流动情况
4.2.3 引人环境中的添加物，可控制测量对象状态的变化	标准解法48，如果不能在系统中添加任何东西，可以在外部环境中加入物质，并且测量或者检测该物质的变化	$S_1 \rightarrow F$	复杂场图	GPS 的应用
4.2.4 环境中产生的添加物可控制整物体状态受控物体状态的变化	标准解法49，如果不能引人附加物，以将环境中已有的东西进行降解或转换，变成其他的状态，然后测量转换后的物质的变化	$F_0 \rightarrow S_1 \rightarrow F$	复杂场图	云室可以用来研究粒子的动态性能。在云室内，液氢保持在适当的压力和温度下，以便液氢正好处于沸点附近。当外界的高能粒子穿过液氢时，液氢就会局部沸腾，从而形成一个由气泡组成的高能量粒子路径轨迹，此路径轨迹可以拍照

附录B　76个标准解系统

续表

标准解编号		问题描述	问题模型	解决方案模型	案例
4.3		增强测量系统			
4.3.1 通过采用物理效应制测量物质—场应用		标准解法50，应用在系统中发生的已知效应，并检测因此效应而发生的变化，从而了解系统的状态，提高检测和测量的效率			通过测量导电液体电导率的变化测量液体的温度
4.3.2 受控物体的共振应用		标准解法51，不能直接测量或者必须通过引入一种场来测量时，可以让系统或物体或部分产生共振，通过测量共振频率解决问题			使用音叉为钢琴调律。钢琴调律师要调节琴弦，通过音叉与琴弦的频率共振进行调谐
4.3.3 附带物体共振的应用		标准解法52，若不允许系统共振，可以通过环境或相连的物体或获得系统变化的共振动获得系统变化的信息			非直接法测量物体的电容量。将未知电容的物体插入已知电感的电路中，产生的电路中电压，寻找共振的频率，据此可以计算出物体的电容量
4.4		测量铁磁场			
4.4.1 向测量原铁磁场物质跃迁		标准解法53，增加、利用铁磁物质或者利用系统中的磁场，从而方便测量			交通管理系统中使用交通灯等等候多久，想知道车辆排了多长，可以在路面下铺设一个环形感应圈，检测出车辆的铁磁成分，转换后得出测量结果

183

续表

标准解编号	问题描述	问题模型	解决方案模型	案例
4.4.2 向测量铁磁场跃迁	标准解54，在系统中增加磁性颗粒，通过检测其磁场实现测量			在流体中引入铁磁颗粒，增加测量的准确度
4.4.3 复杂化的测量铁磁场跃迁	标准解55，如果磁性颗粒不能直接加入到系统中，建立一个复杂的铁磁测量系统，将磁性物质添加到系统已有的物质中			在非磁性物体表面涂敷含有磁性材料和表面活化剂的细小颗粒物体，以检测该物体的表面裂纹
4.4.4 通过在环境中引入铁粒子向测量铁磁场跃迁	标准解56，如果不能在系统中引入磁性物质，可以在环境中引入			船的模型在水上移动时会出现波浪，为了研究波浪的形成原因，可以将磁微粒添加到水中，辅助测量
4.4.5 物理科学原理的应用	标准解57，测量与磁相关的自然现象，如居里点、磁滞现象、超导消失、霍尔效应等			磁共振成像
4.5	测量系统的进化趋势			
4.5.1 向双系统和多系统跃迁	标准解58，向系统转化，如果一个测量系统不具有较高的效率，应用两个或者更多的测量系统			为了测量视力，验光师使用一系列设备测量人眼对某物体的聚焦能力

184

附录B 76个标准解系统

续表

标准解编号	问题描述	问题模型	解决方案模型	案例
4.5.2 问测量派生物跃迁	标准解法59，不直接测量，而是在时间或空间上测量待测物的第一级或第二级衍生物	$F_0 - S_1 \xrightarrow{??} F_1$	$F_0 \quad S_1 \xrightarrow{derive} F_n$	测量速度或加速度，而不是直接测量距离

表B-5 第五级——引入物质或场的17条标准解法

标准解编号	问题描述	问题模型	解决方案模型	案例
5.1	引入物质			
5.1.1将空隙引入物质S_1或S_2，以引进物质一场元件的相互作用	标准解法60，应用"不存在的物体"替代引入新的物质，如增加空气、真空、气泡、泡沫、水泡、空穴、毛细管等；用外部添加物代替内部添加物；用少量高活性的添加物；临时引入添加剂等	$F_0 - S_1 - S_2$	$F_0 - (S_1 - F_n - S_3)$ 空隙	对于水下保暖衣来说，如果仅通过增加衣服厚度的方法改善保暖性，衣服就会变得厚重。可以在其中加入泡沫结构，既不增加衣服厚度，还可以使衣服变得轻薄
5.1.2 将产品(S_0)分成相互作用的若干部分	标准解法61，将物体分割为更小的组成部分	$F_0 - S_1 - S_0$	$(S_{01}) - F_0 - (S_{02}...F_n) - F_1 - S_2$	降低气流产生噪声(S_1)问题的标准解决方案是使基本气流(S_{01}和S_{02})从不同的方向形成涡流，并相互对消
5.1.3 引入物质一场的相互作用并自行作用后自动消失	标准解法62，添加物在使用完毕后自行消失	$F_0 - S_1 - S_2$	$F_0 - (S_1 - F_2 - S_3)$ 自行消失 $- F_1 - S_2$	用冰把粗糙体表面打磨光滑

续表

标准解编号	问题描述	问题模型	解决方案模型	案例
5.1.4 用膨胀结构和泡沫使物质-场的相互作用正常化	标准解63，如果不允许加入大量物质，则加入虚空的物质	$F_0 \to (S_1) - (S_2)$ ⇒	$F_0 \to (S_1) \to (F_2) \to (S_3)) - $虚空$(S_2)$	在物体内部增加空洞，以减轻物体的重量
5.2	引入场			
5.2.1 使用技术系统中现有的场不会使系统复杂化	标准解64，应用一种场，产生另外一种场	$F_0 \to (S_1) - (S_2)$ ⇒	$F_0 \to (S_1) \to (F_1) \to (S_2)$ $\quad\quad\quad - F_2 -$	电场产生磁场
5.2.2 使用环境中的场	标准解65，应用环境中存在的场	$F_0 \to (S_1) - (S_2)$ ⇒	$F_0 \to (S_1) \to (F_1) \to (F_2) \to (S_2')$ supersystem (S_2)	电子设备在使用时产生大量的热，这些热可以使周围空气流动，从而冷却电子设备自身
5.2.3 使用技术系统中现有物质的场性能作为场资源	标准解66，应用能产生场的物质	$F_0 \to (S_1) - (S_2)$ ⇒	$F_0 \to (S_1) \to (F_1) \to (F_2) \to (S_2')$ F_n	医生将放射性物质植入病人肿瘤位置，杀死癌细胞，然后进行清除
5.3	相变			
5.3.1 改变物质的相态	标准解67，相变1：改变相态	$F_0 \to (S_1) - (S_2)$ ⇒	$F_0 \to (S_1) \to (F_1) \to (S_2)$ var.phase	用α-黄铜取代β-黄铜，晶体结构的改变导致在特定温度下黄铜机械性质的改变
5.3.2 两种相态相互转换	标准解68，相变2：双相互换	$F_0 \to (S_1) - (S_2)$ ⇒	$F_0 \to (S_1) \to (F_1) \to (S_2)$ var.phase#	在滑冰过程中，刀片将冰转化为水来减少摩擦力，水又结成冰

续表

标准解编号	问题描述	问题模型	解决方案模型	案例
5.3.3 将一种相态转换成另一种相态，并利用伴随相转移的现象	解法69，相变3：应用相变过程中伴随出现的现象	$(F_0)\ (S_1)-(F_1)-(S_2)$ ⇒	$(F_0)\ (S_1)-(F_1)-(S_2)$ variable#	暖手器中有一个盛有液体的塑料袋，袋内有一薄金属片，在释放热量的过程中薄金属片在液体中弯曲，产生一定的声信号，触发液体变成固体。当全部液体变成固体后，人们将暖手器放回热源中加热，固体即可还原为液体
5.3.4 转换到物质的双相态	标准解70，相变4：转化为双相状态	$(F_0)\ (S_1)-(F_1)-(S_2)$ ⇒	$(F_0)\ (S_1)-(F_1)-(S_2)$ variable#	在切削区域敷一层泡沫，透泡沫持续切割，而泡沫不能穿透这层泡沫，可用于消除噪声
5.3.5 利用系统部件（相位）之间的交互作用	标准解71，利用系统的相态交互，增强系统的效率	$(F_0)\ (S_1)-(F_1)-(S_2)$ ⇒	$(F_0)\ (S_1)-(F)-(S_3)$ dual phase (S_2) $-F$ dual phase	白兰地经过两次蒸馏后放在木桶中保存，这时木材和液体之间相互作用
5.4 运用自然现象				
5.4.1 利用可逆性物理转换	标准解72，状态的自动调节和转换。如果一个物体必须处于不同的状态，它应该能够自动从一种状态转化为另外一种状态	$(F_0)\ (S_1)-(F_1)-(S_2)$ ⇒	$(F_0)\ (S_1)-(F_1)-(S_2)$ variable#	变色太阳镜在阳光下颜色变深，在阴暗处又恢复透明
5.4.2 出口出处场的增强	标准解73，将输出场放大	$(F_0)\ (S_1)-(F_1)-(S_2)$ ⇒	$(F_0)\ (S_1)-(F_1)-(S_2)$ (F_2) crit	真空管、继电器和晶体管都可以利用很多小电流来控制很大的电流

续表

标准编号		问题描述	问题模型	解决方案模型	案例
5.5		产生物质的高级和低级化方法			
	5.5.1 通过降解更高结构的物体来获取所需的物质	标准解法74，通过降解获得物质的颗粒（离子、原子、分子等）	$F_0 \to S_1 \dashrightarrow S_2$	$F_0 \to S_1 \to S_2$ decomposition	如果系统需要氢，但系统本身又不允许引入氢，可以向系统引入水，再将水电解，转化为氢和氧
	5.5.2 通过合并较低等级结构的物质来获得所需要的物质	标准解法75，通过组合获得物质粒子	$S_1 \to F_1$ $S_2 \to F_2$ S_3	$F \to (S_1 \to F_1 \to S_2)$ synthesis	树木吸收水分、二氧化碳，并利用太阳光进行光合作用，获得能量而成长
	5.5.3 介于前两个解法之间	标准解法76，结合71和73。高级结构的物质需要降解，但又不能降解，就应用较高水平的物质。如果需要低级结构的物质，组合起来，可以直接应用较高级结构的物质	$S_1 \to F_1$ $S_2 \to F_2$ S_3	$F \to (S_1 \to F_1 \to S_2)$ 或 synthesis $F \to (S_1 \to F_1 \to S_2)$ $F_0 \to$ decomposition	如果需要传导电流，可先将物质变成导电的离子和电子，离子和电子脱离电场后还可以重新结合在一起

附录 C 30 个 How To 模型与 100 个科学效应对照表

表 C-1 功能代码表（How To 模型）

功能代码	实现的功能	功能代码	实现的功能	功能代码	实现的功能
F01	测量温度	F11	稳定物体位置	F21	改变表面的性质
F02	降低温度	F12	产生/控制力，形成大的压力	F22	检查物体容量的状态和特征
F03	提高温度	F13	控制摩擦力	F23	改变物体空间性质
F04	稳定温度	F14	解体物质	F24	形成要求的结构，稳定物体结构
F05	探测物体的位移和运动	F15	积蓄机械能与热能	F25	探测电场和磁场
F06	控制物体位移	F16	传递能量	F26	探测辐射
F07	控制液体及气体的运动	F17	建立移动物体和固定物体之间的交互作用	F27	产生辐射
F08	控制浮质（气体中的悬浮粒，如烟、雾等）的流动	F18	测量物体的尺寸	F28	控制电磁场
F09	搅拌混合物，形成溶液	F19	改变物体的尺寸	F29	控制光
F10	分解混合物	F20	检查表面状态和性质	F30	产生及加强化学变化

表 C-2 功能与科学效应和现象对应表

功能代码	对应科学效应的名称（序号）
F01	热膨胀（E75）、热双金属片（E76）、珀尔帖效应（E67）、汤姆逊效应（E80）、热电效应（E71）、热电子发射（E72）、热辐射（E73）、电阻（E33）、热敏性物质（E74）、居里效应（居里点，E60）、巴克豪森效应（E03）、霍普金森效应（E55）
F02	一级相变（E94）、二级相变（E36）、焦耳-汤姆逊效应（E58）、珀尔帖效应（E67）、汤姆逊效应（E80）、热电效应（E71）、热电子发射（E72）
F03	电磁效应（E24）、电解质（E26）、焦耳-楞次定律（57）、放电（42）、电弧（25）、吸收（84）、发射聚焦（39）、热辐射（73）、珀尔帖效应（E67）、汤姆逊效应（E80）、热电效应（E71）、热电子发射（E72）
F04	一级相变（E94）、二级相变（E36）、居里效应（E60）
F05	引入易探测的标识（标记物，E06）（发光E37、发光体E38、磁性材料E16、永久磁铁E95）、反射和放射线（反射E41、发光体E38、感光材料E45、光谱E50、放射现象E43）、形变（弹性变形E85、塑形变形E78）、改变电场和磁场（电场E22、磁场E13）、放电（电晕放电E31、电弧E25、火花放电E53）
F06	磁力（E15）、电子力（安培力E02，洛伦兹力E64）、压强（液体或气体的压强E93）、压强E91、液体动力（E92）、浮力E44、惯性力（E49）、振动（E98）、热膨胀（E75）、热双金属片（E76）
F07	毛细现象（E65）、渗透（E30）、电泳现象E77、Thoms效应（E79）、伯努利定律（E10）、惯性力（E49）、韦森堡效应（E81）
F08	起电（E68）、电场（E22）、磁场（E13）
F09	弹性波（E19）、共振（E47）、驻波（E99）、振动（E98）、气穴现象（E22）、扩散（E69）、电场（E62）、电泳现象（E30）、磁场（E13）、电泳现象（E30）

续表

功能代码	对应科学效应的名称（序号）	功能代码	对应科学效应的名称（序号）
F10	在电场或磁场中分离（电场E22，磁场E13，磁性液体E17，惯性力E49，吸附作用E83，扩散E62，渗透E77，电泳现象E30）	F14	放电（火花放电E53，电晕放电E31，电弧E25），电液压冲压，电水压震扰（E29），弹性波（E19），共振（E47），驻波（E99），振动（E98），气穴现象（E69）
F11	电场（E22），磁场（E13），磁性液体（E17）	F15	弹性变形（E85），形变（E94），一级相变（E94），二级相变（E36）
F12	磁力（E15），一级相变（E36），热膨胀（E75），惯性力（E5），磁性液体（E17），爆炸（E29），电液压冲压，电水压震扰（E77）	F16	对应机械能（形变E85，弹性波E19，共振E47，驻波E99，振动E98，爆炸E05，电水压震扰E29，热电子发射E72），热能（对流E34，热传导E24），反射E41，电磁感应E24，电能（电场E22）
F13	约翰逊-拉别克效应（E96），振动（E98），低摩阻（E21），金属覆层润滑剂（E59）	F17	电磁场（E23），电磁感应（E24）
		F18	标记（起电E68，发光E37，发光体E38，磁性材料（E16），永久磁铁（E95），共振（E47）
		F19	热膨胀（E75），形状记忆合金（E87），形变（E85），压电效应（E89），磁弹性（E14），压磁效应（E88）
		F20	放电（电晕放电E31，电弧E25，火花发电E53），反射（E41），发光体（E38），感光材料（E45），光谱（E50），放射现象（E43）
		F21	摩擦力（E66），吸附作用（E04），扩散（E62），包辛格效应（E83），放电（电晕放电E31，电弧E25，火花放电E53），弹性波（E19），共振（E47），驻波（E99），振动（E98），光谱（E50）

续表

功能代码	对应科学效应的名称（序号）	功能代码	对应科学效应的名称（序号）	功能代码	对应科学效应的名称（序号）
F22	引人容易察测的标志（标记物E06，发光E37，发光体E38，磁性材料E16，永久磁铁E95），测量电阻值（电阻E33），反射和放光（反射E41，折射E97，放射现象E43），感光材料E45，光谱E50，X射线E01，发光体E38，电一磁一光现象（X射线E01，电一磁一光现象E27，固体的场致，电致发光E48），磁效应（居里点，E60），巴克豪森效应E03，霍尔效应（E55），共振（E47），霍尔效应（E54）	F25	渗透（E77），带电放电（电晕放电E31，电弧E25，火花放电E53，压电效应（E89），磁弹性（E14），压磁效应（E88），驻极体，电介体（E100），固体的场致，电致发光（E48），电一磁一光现象（E27），巴克豪森现象（E03），霍普金森效应（E55），霍尔效应（E54）	F28	电阻（E33），磁性材料（E16），反射（E41），形状（E86），反射（E07），表面相糙度（E08）
F23	磁性液体（E17），磁性材料（E16），永久磁铁（E95），冷却（E63），加热（E56），一级相变（E94），二级相变（E36），电离（E28），光谱（E50），发射现象（E43），X射线（E01），形变（E85），扩散（E13），电场（E22），热磁场（E62），珀尔帖效应（E67），热电汤姆逊效应（E71），包辛格效应（E04），居里点，姆佩效应（E80），固体的场致，电致发光（E60），电一磁一光现象（E27），气穴现象（E48），光生伏打效应（E51）	F26	热膨胀（E75），热双金属片（E76），感光材料（E45），光谱（E50），发光体（E38），发光，发光体（E38），发射发光（E41），放射现象（E43），反射（E51）	F29	反射（E84），折射（E97），发射聚焦（E39），电致发光（E48），电一光和磁一光现象（E27），法拉第效应（E40），克尔效应（E61），耿氏效应（E46）
F24	弹性波（E19），共振（E47），驻波（E99），振动（E98），磁场（E13），一级相变（E94），二级相变（E36），气穴现象（E69）	F27	放电（电晕放电E31，电弧E25，火花放电E53，发光体（E37，发光体（E38），固体场致，电致发光（E48），电一光和磁-光现象（E27），耿氏效应（E46）	F30	弹性波（E19），共振（E47），驻波（E99），振动（E98），气穴现象（E69），光谱（E50），放电（E42），X射线（E01），放电（E43），电晕放电（E31），电弧（E25），放电（E25），爆炸（E05），电液压冲压，电水压震扎（E29）

192

附录D 经典冲突矩阵表

改善的参数 \ 恶化的参数		1 运动物体重量	2 静止物体重量	3 运动物体长度	4 静止物体长度	5 运动物体面积	6 静止物体面积	7 运动物体体积	8 静止物体体积
1	运动物体的重量			15, 08, 09, 34		29, 17, 38, 34		29, 02, 40, 28	
2	静止物体的重量				10, 01, 29, 35		35, 30, 13, 02		05, 35, 14, 02
3	运动物体的长度	15, 08, 29, 34				15, 17, 04		07, 17, 04, 35	
4	静止物体的长度		35, 28, 40, 29				17, 07, 10, 40		35, 08, 02, 14
5	运动物体的面积	02, 14, 29, 04		14, 15, 18, 04				07, 14, 17, 04	
6	静止物体的面积		30, 02, 14, 18		26, 07, 09, 39				
7	运动物体的体积	02, 26, 29, 40		01, 07, 35, 04		01, 07, 04, 17			
8	静止物体的体积		35, 10, 19, 14	19, 14	35, 08, 02, 14				
9	速度	02, 28, 13, 38		13, 14, 08		29, 30, 34		07, 29, 34	
10	力	08, 01, 37, 18	18, 13, 01, 28	17, 19, 09, 36	28, 10	19, 10, 15	01, 18, 36, 37	15, 09, 12, 37	02, 36, 18, 37
11	应力或压强	10, 36, 37, 40	13, 29, 10, 18	35, 10, 36	35, 01, 14, 16	10, 15, 36, 28	10, 15, 36, 24	06, 35, 10	35, 34
12	形状	08, 10, 29, 40	15, 10, 26, 03	29, 34, 05, 04	13, 14, 10, 07	05, 34, 04, 10		14, 04, 15, 22	07, 02, 35
13	机构的稳定性	21, 35, 02, 39	26, 39, 01, 40	13, 15, 01, 28	37	02, 11, 13	39	28, 10, 19, 39	34, 28, 35, 40

续表

改善的参数 \ 恶化的参数		1 运动物体重量	2 静止物体重量	3 运动物体长度	4 静止物体长度	5 运动物体面积	6 静止物体面积	7 运动物体体积	8 静止物体体积
14	强度	01, 08 40, 15	40, 26 27, 01	01, 15 08, 35	15, 14 28, 26	03, 34 40, 29	09, 40 28	10, 15 14, 07	09, 14 17, 15
15	运动物体的耐久时间	19, 05 34, 31		02, 19 09		03, 17 19		10, 02 19, 30	
16	静止物体的耐久时间		06, 27 19, 16		01, 40 35				35, 34 38
17	温度	36, 22 06, 38	22, 35 32	15, 19 09	15, 19 09	03, 35 39, 18	35, 38	34, 39 40, 18	35, 06 04
18	照度	19, 01 32	02, 35 32	19, 32 16		19, 32 26		02, 13 10	
19	运动物体的能量消耗	12, 18 28, 31		12, 28		15, 19 25		35, 13 18	
20	静止物体的能量消耗		19, 09 26, 27						
21	功率	08, 36 38, 31	19, 26 17, 27	01, 10 35, 37		19, 38	17, 32 13, 38	35, 06 38	30, 06 25
22	能量损失	15, 06 19, 28	19, 06 18, 09	07, 02 06, 13	06, 38 07	15, 26 17, 30	17, 07 30, 18	07, 18 23	, 07
23	物质损失	35, 06 23, 40	35, 06 22, 32	14, 29 10, 39	10, 28 24	35, 02 10, 31	10, 18 39, 31	01, 29 30, 36	03, 39 18, 31
24	信息损失	10, 24 35	10, 35 05	01, 26	26	30, 26	30, 16		02, 22
25	时间损失	10, 20 37, 35	10, 20 26, 05	15, 02 29	30, 24 14, 05	26, 04 05, 16	10, 35 17, 04	02, 05 34, 10	35, 16 32, 18
26	物质的量	35, 06 18, 31	27, 26 18, 35	29, 14 35, 18		15, 14 29	02, 18 40, 04	15, 20 29	
27	可靠性	03, 08 10, 40	03, 10 08, 28	15, 09 14, 04	15, 29 28, 11	17, 10 14, 16	32, 35 40, 04	03, 10 14, 24	02, 35 24
28	测量精度	32, 35 26, 28	28, 35 25, 26	28, 26 05, 16	32, 28 03, 16	26, 28 32, 03	26, 28 32, 03	32, 13 06	
29	制造精度	28, 32 13, 18	28, 35 27, 09	10, 28 29, 37	02, 32 10	28, 33 29, 32	02, 29 18, 36	32, 28 02	25, 10 35
30	作用于物体的有害因素	22, 21 27, 39	02, 22 13, 24	17, 01 39, 04	01, 18	22, 01 33, 28	27, 02 39, 35	22, 23 37, 35	34, 39 19, 27
31	物体产生的有害因素	19, 22 15, 39	35, 22 01, 39	17, 15 16, 22		17, 02 18, 39	22, 01 40	17, 02 40	30, 18 35, 04

续表

改善的参数 \ 恶化的参数		1 运动物体重量	2 静止物体重量	3 运动物体长度	4 静止物体长度	5 运动物体面积	6 静止物体面积	7 运动物体体积	8 静止物体体积
32	制造性	28, 29 15, 16	01, 27 36, 13	01, 29 13, 17	15, 17 27	13, 01 26, 12	16, 40	13, 29 01, 40	35
33	操作性	25, 02 13, 15	06, 13 01, 25		01, 17 13, 16	18, 16 15, 39	01, 16 15, 39	01, 16 35, 15	04, 18 31, 39
34	维修性	02, 27 35, 11	02, 27 35, 11	01, 28 10, 25	03, 18 31	15, 32 13	16, 25	25, 02 35, 11	01
35	适应性	01, 06 15, 08	19, 15 29, 16	35, 01 29, 02	01, 35 16	35, 30 29, 07	15, 16	15, 35 29	
36	装置的复杂程度	26, 30 34, 36	02, 26 35, 39	01, 19 26, 24	26	14, 01 13, 16	06, 36	34, 26 06	01, 16
37	测控的难度	27, 26 28, 13	06, 13 28, 01	16, 17 26, 24	26	02, 13 18, 17	02, 39 30, 16	29, 01 04, 16	02, 18 26, 31
38	自动化程度	28, 26 18, 35	28, 26 35, 10	14, 13 28, 27	23	17, 14 13		35, 13 16	
39	生产率	35, 26 24, 37	28, 27 15, 03	18, 04 28, 38	30, 07 14, 26	10, 26 34, 31	10, 35 17, 07	02, 06 34, 10	35, 37 10, 02

改善的参数 \ 恶化的参数		9 速度	10 力	11 应力和压强	12 形状	13 结构的稳定性	14 强度	15 运动物体作用时间	16 静止物体作用时间
1	运动物体的重量	02, 08 15, 38	08, 10 18, 37	10, 36 37, 40	10, 14 35, 40	01, 35 19, 39	28, 27 18, 40	05, 34 31, 35	
2	静止物体的重量		08, 10 19, 35	13, 29 10, 18	13, 10 29, 14	26, 39 01, 40	28, 02 10, 27		02, 27 19, 06
3	运动物体的长度	13, 04 08	17, 10 04	01, 08 35	01, 08 10, 29	01, 08 15, 34	08, 35 29, 34	19	
4	静止物体的长度		28, 10	01, 14 35		13, 14 15, 07	39, 37 35	15, 14 28, 26	01, 40 35
5	运动物体的面积	29, 30 04, 34	19, 30 35, 02	10, 15 36, 28	05, 34 29, 04	11, 02 13, 39	03, 15 40, 14	06, 03	
6	静止物体的面积		01, 18 35, 36	10, 15 36, 37		02, 38	40		02, 10 19, 30
7	运动物体的体积	29, 04 38, 34	15, 35 36, 37	06, 35 36, 37	01, 15 29, 04	28, 10 01, 39	09, 14 15, 07	06, 35 04	
8	静止物体的体积			02, 18 37	24, 35	07, 02 35	34, 28 35, 40	09, 14 17, 15	35, 34 38

续表

改善的参数 \ 恶化的参数		9 速度	10 力	11 应力和压强	12 形状	13 结构的稳定性	14 强度	15 运动物体作用时间	16 静止物体作用时间
9	速度		13, 28 15, 19	06, 18 38, 40	35, 15 18, 34	28, 33 01, 18	08, 03 26, 14	03, 19 35, 05	
10	力	13, 28 15, 12		18, 21 11	10, 35 40, 34	35, 10 21	35, 10 14, 27	19, 02	
11	应力或压强	06, 35 36	36, 35 21		35, 04 15, 10	35, 33 02, 40	09, 18 03, 40	19, 03 27	
12	形状	35, 15 34, 18	35, 10 37, 40	34, 15 10, 14		33, 01 18, 04	30, 14 10, 40	14, 26 09, 25	
13	机构的稳定性	33, 15 28, 18	10, 35 21, 16	02, 35 40	22, 01 18, 04		17, 09 15	13, 27 10, 35	39, 03 35, 23
14	强度	08, 13 26, 14	10, 18 03, 14	10, 03 18, 40	10, 30 35, 40	13, 17 35		27, 03 26	
15	运动物体的耐久时间	03, 35 05	19, 02 16	19, 03 27	14, 26 28, 25	13, 03 35	27, 03 10		
16	静止物体的耐久时间					39, 03 35, 23			
17	温度	02, 28 36, 30	35, 10 03, 21	35, 39 19, 02	14, 22 19, 32	01, 35 32	10, 30 22, 40	19, 13 39	19, 18 36, 40
18	照度	10, 13 19	26, 19 06		32, 30	32, 03 27	35, 19	02, 19 06	
19	运动物体的能量消耗	08, 15 35	16, 26 21, 02	23, 14 25	12, 02 39	19, 13 17, 24	05, 19 09, 35	28, 35 06, 18	
20	静止物体的能量消耗		36, 37			27, 04 29, 18	35		
21	功率	15, 35 02	26, 02 36, 35	22, 10 35	29, 14 02, 40	35, 32 15, 31	26, 10 28	19, 35 10, 38	16
22	能量损失	16, 35 38	36, 38			14, 02 39, 06	26		
23	物质损失	10, 13 28, 38	14, 15 18, 40	03, 36 37, 10	29, 35 03, 05	02, 14 30, 40	35, 28 31, 40	28, 27 03, 18	27, 16 18, 38
24	信息损失	26, 32						10	10
25	时间损失		10, 37 36, 05	37, 36 04	04, 10 34, 17	35, 03 22, 05	29, 03 28, 18	20, 10 28, 18	28, 20 10, 16
26	物质的量	35, 29 34, 28	35, 14 03	10, 36 14, 03	35, 14	15, 02 17, 40	14, 35 34, 10	03, 35 10, 40	03, 35 31

续表

改善的参数＼恶化的参数		9 速度	10 力	11 应力和压强	12 形状	13 结构的稳定性	14 强度	15 运动物体作用时间	16 静止物体作用时间
27	可靠性	21, 35 11, 28	08, 28 10, 03	10, 24 35, 19	35, 01 16, 11		11, 28	02, 35 03, 25	34, 27 06, 40
28	测量精度	28, 13 32, 24	32, 02	06, 28 32	06, 28 32	32, 35 13	28, 06 32	28, 06 32	10, 26 24
29	制造精度	10, 28 32	28, 19 34, 36	03, 35	32, 30 40	30, 18	03, 27	03, 27 40	
30	作用于物体的有害因素	21, 22 35, 28	13, 35 39, 18	22, 02 37	22, 01 03, 35	35, 24 30, 18	18, 35 37, 01	22, 15 33, 28	17, 01 40, 33
31	物体产生的有害因素	35, 28 03, 23	35, 28 01, 40	02, 33 27, 18	35, 01	35, 40 27, 39	15, 35 22, 02	15, 22 33, 31	21, 39 16, 22
32	制造性	35, 13 08, 01	35, 12	35, 19 01, 37	01, 28 13, 27	11, 13 01	11, 03 10, 32	27, 01 04	35, 16
33	操作性	18, 13 34	28, 13 35	02, 32 12	15, 34 29, 28	32, 35 30	32, 40 03, 28	29, 03 08, 25	01, 16 25
34	维修性	34, 39	01, 11 10	13	01, 13 02, 04	02, 35	01, 11 02, 39	11, 29 28, 27	01
35	适应性	35, 10 14	15, 17 20	35, 16	15, 37 01, 08	35, 30 14	35, 03 32, 06	13, 01 35	02, 16
36	装置的复杂程度	34, 10 28	26, 16	19, 01 35	29, 13 28, 15	02, 22 17, 19	02, 13 28	10, 04 28, 15	
37	测控的难度	03, 04 16, 35	36, 28 40, 19	35, 36 37, 32	27, 13 01, 39	11, 22 39, 30	27, 03 15, 28	19, 29 25, 39	25, 34 06, 35
38	自动化程度	28, 10	02, 35	13, 35	15, 32 01, 13	18, 01	25, 13	06, 09	
39	生产率		28, 15 10, 36	10, 37 14	14, 10 34, 40	35, 03 22, 39	29, 28 10, 18	35, 10 02, 18	20, 10 16, 38

改善的参数＼恶化的参数		17 温度	18 照度	19 运动物体能量消耗	20 静止物体能量消耗	21 功率	22 能量损失	23 物质损失	24 信息损失
1	运动物体的重量	06, 29 04, 38	19, 01 32	35, 12 34, 31		12, 36 18, 31	06, 02 34, 19	05, 35 03, 31	10, 24 35
2	静止物体的重量	28, 19 32, 22	35, 19 32		18, 19 28, 01	15, 19 18, 22	18, 19 28, 15	05, 08 13, 30	10, 15 35
3	运动物体的长度	10, 15 19	32	08, 35 24		01, 35	07, 02 35, 39	04, 29 23, 10	01, 24

续表

改善的参数＼恶化的参数		17 温度	18 照度	19 运动物体能量消耗	20 静止物体能量消耗	21 功率	22 能量损失	23 物质损失	24 信息损失
4	静止物体的长度	03, 35 38, 18	03, 25			12, 08	06, 28	10, 28 24, 35	24, 26
5	运动物体的面积	02, 15 16	15, 32 19, 13	19, 32		19, 10 32, 18	15, 17 30, 26	10, 35 02, 39	30, 26
6	静止物体的面积	35, 39 38				17, 32	17, 07 30	10, 14 18, 39	30, 16
7	运动物体的体积	34, 39 10, 18	10, 13 02	35		35, 06 13, 18	07, 15 13, 16	36, 39 34, 10	02, 22
8	静止物体的体积	35, 06 04				30, 06		10, 39 35, 34	
9	速度	28, 30 36, 02	10, 13 19	08, 15 35, 38		19, 35 38, 02	14, 20 19, 35	10, 13 28, 38	13, 26
10	力	35, 10 21		19, 17 10	01, 16 36, 37	19, 35 18, 37	14, 15	08, 35 40, 05	
11	应力或压强	35, 39 19, 02		14, 24 10, 37		10, 35 14	02, 36 25	10, 36 37	
12	形状	22, 14 19, 32	13, 15 32	02, 06 34, 14		04, 06 02	14	35, 29 03, 05	
13	机构的稳定性	35, 01 32	32, 03 27, 15	13, 19	27, 04 29, 18	32, 35 27, 31	14, 02 39, 06	02, 14 30, 40	
14	强度	30, 10 40	35, 19	19, 35 10	35	10, 26 35, 28	35	35, 28 31, 40	
15	运动物体的耐久时间	19, 35 39	02, 19 04, 35	28, 06 35, 18		19, 10 35, 38		28, 27 03, 18	10
16	静止物体的耐久时间	19, 18 36, 40				16		27, 16 18, 38	10
17	温度		32, 30 21, 16	19, 15 03, 17		02, 14 17, 25	21, 17 35, 38	21, 36 29, 31	
18	照度	32, 35 19		32, 01 19	32, 35 01, 15	32	19, 16 01, 06	13, 01	01, 06
19	运动物体的能量消耗	19, 24 03, 14	02, 15 19			06, 19 37, 18	12, 22 15, 24	35, 24 18, 05	
20	静止物体的能量消耗		19, 02 35, 32					28, 27 18, 31	
21	功率	02, 14 17, 25	16, 06 19	16, 06 19, 17			10, 35 38	28, 27 18, 38	10, 19

续表

改善的参数 \ 恶化的参数		17 温度	18 照度	19 运动物体能量消耗	20 静止物体能量消耗	21 功率	22 能量损失	23 物质损失	24 信息损失
22	能量损失	19, 38 07	01, 13 32, 15			03, 38		35, 27 02, 37	19, 10
23	物质损失	21, 36 39, 31	01, 06 13	35, 18 24, 05	28, 27 12, 31	28, 27 18, 38	35, 27 02, 31		
24	信息损失		19			10, 19	19, 10		
25	时间损失	35, 29 21, 18	01, 19 21, 17	35, 38 19, 18	01	35, 20 10, 06	10, 05 18, 32	35, 18 10, 39	24, 26 28, 32
26	物质的量	03, 17 39		34, 29 16, 18	03, 35 31	35	07, 18 25	06, 03 10, 24	24, 28 35
27	可靠性	03, 35 10	11, 32 13	21, 11 27, 19	36, 23	21, 11 26, 31	10, 11 35	10, 35 29, 39	10, 28
28	测量精度	06, 19 28, 24	06, 01 32	03, 06 32		03, 06 32	26, 32 27	10, 16 31, 28	
29	制造精度	19, 26	03, 32	32, 02		32, 02	13, 23 02	35, 31 10, 24	
30	作用于物体的有害因素	22, 33 35, 02	01, 19 32, 13	01, 24 06, 27	10, 02 22, 37	19, 22 31, 02	21, 22 35, 02	33, 22 19, 40	22, 10 02
31	物体产生的有害因素	22, 35 02, 24	19, 24 39, 32	02, 35 06	19, 22 18	02, 35 18	21, 35 22, 02	10, 01 34	10, 21 29
32	制造性	27, 26 18	28, 24 27, 01	28, 26 27, 01	01, 04	27, 01 12, 24	19, 35	15, 34 33	32, 24 18, 16
33	操作性	26, 27 13	13, 17 01, 24	01, 13 24		35, 34 02, 10	02, 19 13	28, 32 02, 24	04, 10 27, 22
34	维修性	04, 10	15, 01 13	15, 01 28, 16		15, 10 32, 02	15, 01 32, 19	02, 35 34, 27	
35	适应性	27, 02 03, 35	06, 22 26, 01	19, 35 29, 13		19, 01 29	18, 15 01	15, 10 02, 13	
36	装置的复杂程度	02, 17 13	24, 17 13	27, 02 29, 28		20, 19 30, 34	10, 35 13, 02	35, 10 28, 29	
37	测控的难度	03, 27 35, 16	02, 24 26	35, 38 19, 18	19, 35 16	19, 01 16, 10	35, 03 15, 19	01, 18 10, 24	35, 33 27, 22
38	自动化程度	26, 02 19	08, 32 19	02, 32 13	28, 02 27	23, 28	35, 10 18, 05	35, 33	24, 28 35, 30
39	生产率	35, 21 28, 10	26, 17 19, 01	35, 10 38, 19	01	35, 20 10	28, 10 29, 35	28, 10 35, 23	13, 15 23

改善的参数 \ 恶化的参数		25 时间损失	26 物质的量	27 可靠性	28 测量精度	29 制造精度	30 物体所受有害因素	31 物体产生有害因素	32 制造性
1	运动物体的重量	10, 35 20, 28	03, 26 18, 31	03, 11 01, 27	28, 27 35, 26	28, 35 26, 18	22, 21 18, 27	22, 35 31, 39	27, 28 01, 36
2	静止物体的重量	10, 20 35, 26	19, 06 18, 26	10, 28 08, 03	18, 26 28	10, 01 35, 17	02, 19 22, 37	35, 22 01, 39	28, 01 09
3	运动物体的长度	15, 02 29	29, 35	10, 14 29, 40	28, 32 04	10, 01 35, 17	01, 15 17, 24	17, 15	01, 29 17
4	静止物体的长度	30, 29 14		15, 29 28	32, 28 03	02, 32 10	01, 18		15, 17 27
5	运动物体的面积	26, 04	29, 30 06, 13	29, 09	26, 28 32, 03	02, 32	22, 33 28, 01	17, 02 18, 39	13, 01 26, 24
6	静止物体的面积	10, 35 04, 18	02, 18 40, 04	32, 35 40, 04	26, 28 32, 03	02, 29 18, 36	27, 02 39, 35	22, 01 40	40, 16
7	运动物体的体积	02, 06 34, 10	29, 30 07	14, 01 40, 11	25, 26 28	25, 28 02, 16	22, 21 27, 35	17, 02 40, 01	29, 01 40
8	静止物体的体积	35, 16 32, 18	35, 03	02, 35 16		35, 10 25	34, 39 19, 27	30, 18 35, 04	35
9	速度		10, 19 29, 38	11, 35 27, 28	28, 32 01, 24	10, 28 32, 25	01, 28 35, 23	02, 24 32, 21	35, 13 08, 01
10	力	10, 37 36	14, 29 18, 36	03, 35 13, 21	35, 10 23, 24	28, 29 37, 36	01, 35 40, 18	13, 03 36, 24	15, 37 18, 01
11	应力或压强	37, 36 04	10, 14 36	10, 13 19, 35	06, 28 25	03, 35	22, 02 37	02, 33 27, 18	01, 35 16
12	形状	14, 10 34, 17	36, 22	10, 40 16	28, 32 01	32, 30 40	22, 01 02, 35	35, 01	01, 32 17, 28
13	机构的稳定性	35, 27	15, 32 35		13	18	35, 23 18, 30	35, 40 27, 39	35, 19
14	强度	29, 03 28, 10	29, 10 27	11, 03	03, 27 16	03, 27	18, 35 37, 01	15, 35 22, 02	11, 03 10, 32
15	运动物体的耐久时间	20, 10 28, 18	03, 35 10, 40	11, 02 13	03	03, 27 16, 40	22, 15 33, 28	21, 39 16, 22	27, 01 04
16	静止物体的耐久时间	28, 20 10, 16	03, 35 31	34, 27 06, 40	10, 26 24		17, 01 40, 33	22	35, 10

续表

	恶化的参数	25 时间损失	26 物质的量	27 可靠性	28 测量精度	29 制造精度	30 物体所受有害因素	31 物体产生有害因素	32 制造性
改善的参数									
17	温度	35, 28 21, 18	03, 17 30, 39	19, 35 03, 10	32, 19 24	24	22, 33 35, 02	22, 35 02, 24	26, 27
18	照度	19, 01 26, 17	01, 19		11, 15 32	03, 32	15, 19	35, 19 32, 39	19, 35 28, 26
19	运动物体的能量消耗	35, 38 19, 18	34, 23 16, 18	19, 21 11, 27	03, 01 32		01, 35 06, 27	02, 35 06	28, 26 30
20	静止物体的能量消耗		03, 35 31	10, 36 23			10, 02 22, 37	19, 22 18	01, 04
21	功率	35, 20 10, 06	04, 34 19	19, 24 26, 31	32, 15 02	32, 02	19, 22 31, 02	02, 35 18	26, 10 34
22	能量损失	10, 18 32, 07	07, 18 25	11, 10 35	32		21, 22 35, 02	21, 35 02, 22	
23	物质损失	15, 18 35, 10	06, 03 10, 24	10, 29 39, 35	16, 34 31, 28	35, 10 24, 31	33, 22 30, 40	10, 01 34, 29	15, 34 33
24	信息损失	24, 26 28, 32	24, 28 35	10, 28 23			22, 10 01	10, 21 22	32
25	时间损失		35, 38 18, 16	10, 30 04	24, 34 28, 32	24, 26 28, 18	35, 18 34	35, 22 18, 39	35, 28 34, 04
26	物质的量	35, 38 18, 16		18, 03 28, 40	03, 02 28	33, 30	35, 33 29, 31	03, 35 40, 39	29, 01 35, 27
27	可靠性	10, 30 04	21, 28 40, 03		32, 03 11, 23	11, 32 01	27, 35 02, 40	35, 02 40, 26	
28	测量精度	24, 34 38, 32	02, 06 32	05, 11 01, 23			28, 24 22, 26	03, 33 39, 10	06, 35 25, 18
29	制造精度	32, 26 28, 18	32, 30	11, 32 01			26, 28 10, 36	04, 17 34, 26	
30	作用于物体的有害因素	35, 18 34	35, 33 29, 31	27, 24 02, 40	28, 33 23, 26	26, 28 10, 18			24, 35 02
31	物体产生的有害因素	01, 22	03, 24 39, 01	24, 02 40, 39	03, 33 26	04, 17 34, 26			
32	制造性	35, 28 34, 04	35, 24 01, 24		01, 35 12, 18		24, 02		

续表

改善的参数＼恶化的参数		25 时间损失	26 物质的量	27 可靠性	28 测量精度	29 制造精度	30 物体所受有害因素	31 物体产生有害因素	32 制造性
33	操作性	04, 28 10, 34	12, 35	17, 27 08, 40	25, 13 02, 34	01, 32 35, 23	02, 25 28, 39		02, 05 12
34	维修性	32, 01 10, 25	02, 28 10, 25	11, 10 01, 16	10, 02 13		25, 10	35, 10 02, 16	01, 35 11, 10
35	适应性	35, 28	03, 35 15	35, 13 08, 24	35, 05 01, 10		35, 11 32, 31		01, 13 31
36	装置的复杂程度	06, 29	13, 03 27, 10	13, 35 01	02, 26 10, 34	26, 24 32	22, 19 29, 40	19, 01	27, 26 01, 13
37	测控的难度	18, 28 32, 09	03, 27 29, 18	27, 40 28, 08	26, 24 32, 28		22, 19 29, 28	02, 21	05, 28 11, 29
38	自动化程度	35, 13	11, 27 32	28, 26 10, 34	28, 26 18, 23	02, 33	02	01, 26 13	01, 12 34, 03
39	生产率		35, 38	01, 35 10, 38	01, 10 34, 28	32, 01 18, 10	22, 35 13, 24	35, 22 18, 39	35, 28 02, 24

改善的参数＼恶化的参数		33 操作性	34 维修性	35 适应性	36 装置复杂程度	37 测控难度	38 自动化程度	39 生产率
1	运动物体的重量	35, 03 02, 24	02, 27 28, 11	29, 05 15, 08	26, 30 36, 34	28, 29 26, 32	26, 35 18, 19	35, 03 24, 37
2	静止物体的重量	06, 13 01, 32	02, 27 28, 11	19, 15 29	01, 10 26, 39	25, 28 17, 15	02, 26 35	01, 28 15, 35
3	运动物体的长度	15, 29 35, 04	01, 28 10	14, 15 01, 16	01, 19 26, 24	35, 01 26, 24	17, 24 26, 16	14, 04 28, 29
4	静止物体的长度	02, 25	03	01, 35	01, 26	26		30, 14 27, 26
5	运动物体的面积	15, 17 13, 16	15, 13 10, 01	15, 30	14, 01 13	02, 36 26, 18	14, 30 28, 23	10, 26 34, 02
6	静止物体的面积	16, 04	16	15, 16	01, 18 36	02, 35 30, 18	23	10, 15 17, 07
7	运动物体的体积	15, 13 30, 12	10	15, 29	26, 01	29, 26 04	35, 34 16, 24	10, 06 02, 34

续表

改善的参数	恶化的参数	33 操作性	34 维修性	35 适应性	36 装置复杂程度	37 测控难度	38 自动化程度	39 生产率
8	静止物体的体积		01		01, 31	02, 17 26		35, 37 10, 02
9	速度	32, 28 13, 12	34, 02 28, 27	15, 10 26	10, 28 04, 34	03, 34 27, 16	10, 18	
10	力	01, 28 03, 25	15, 01 11	15, 17 18, 20	26, 35 10, 18	36, 37 10, 19	02, 35	03, 28 35, 37
11	应力或压强	11	02	35	19, 01 35	02, 36 37	35, 24	10, 14 35, 37
12	形状	32, 15 26	02, 13 01	01, 15 29	16, 29 01, 28	15, 13 39	15, 01 32	17, 26 34, 10
13	机构的稳定性	32, 35 30	02, 35 10, 16	35, 30 34, 02	02, 35 22, 26	35, 22 39, 23	01, 08 35	23, 35 40, 03
14	强度	32, 40 28, 02	27, 11 03	15, 03 32	13	27, 03 15, 40	15	29, 35 10, 14
15	运动物体的耐久时间	12, 27	29, 10 27	01, 35 13	10, 04 29, 15	19, 29 39, 35	06, 10	35, 17 14, 19
16	静止物体的耐久时间	01	01	02		25, 34 06, 35	01	20, 10 16, 38
17	温度	26, 27	04, 10 16	02, 18 27	02, 17 16	03, 27 35, 31	26, 02 19, 16	15, 28 35
18	照度	28, 26 19	15, 17 13, 16	15, 01 19	06, 32 13	32, 15	02, 26 10	02, 25 16
19	运动物体的能量消耗	19, 35	01, 15 17, 28	15, 17 13, 16	02, 29 27, 28	35, 38	32, 02	12, 28 35
20	静止物体的能量消耗					19, 35 16, 25		01, 06
21	功率	26, 35 10	35, 02 10, 34	19, 17 34	20, 19 30, 34	19, 35 16	28, 02 17	28, 35 34
22	能量损失	35, 32 01	02, 19		07, 23	35, 03 15, 23	02	28, 10 29, 35
23	物质损失	32, 28 02, 24	02, 35 34, 27	15, 10 02	35, 10 28, 24	35, 18 10, 13	35, 10 18	28, 35 10, 23

续表

改善的参数 \ 恶化的参数		33 操作性	34 维修性	35 适应性	36 装置复杂程度	37 测控难度	38 自动化程度	39 生产率
24	信息损失	27, 22				35, 33	35	13, 23 15
25	时间损失	04, 28 10, 34	32, 01 10	35, 28	06, 29	18, 28 32, 10	24, 28 35, 30	
26	物质的量	35, 29 10, 25	02, 32 10, 25	15, 03 29	03, 23 27, 10	03, 27 29, 18	08, 35	13, 29 03, 27
27	可靠性	27, 17 40	01, 11	13, 35 08, 24	13, 35 01	27, 40 28	11, 13 27	01, 35 29, 38
28	测量精度	01, 13 17, 34	01, 32 13, 11	13, 35 02	27, 35 10, 34	26, 24 32, 28	28, 02 10, 34	10, 34 28, 32
29	制造精度	01, 32 35, 23	25, 10		26, 02 18		26, 28 18, 23	10, 18 32, 39
30	作用于物体的有害因素	02, 25 28, 39	35, 10 02	35, 11 22, 31	22, 19 29, 40	22, 19 29, 40	33, 03 34	22, 35 13, 24
31	物体产生的有害因素				19, 01 31	02, 21 27, 01	, 02	22, 35 18, 39
32	制造性	02, 05 13, 16	35, 01 11, 09	02, 13 15	27, 26 01	06, 28 11, 01	08, 28 01	35, 01 10, 28
33	操作性		12, 26 01, 32	15, 34 01, 16	32, 25 12, 17		01, 34 12, 03	15, 01 28
34	维修性	01, 12 26, 15		07, 01 04, 16	35, 01 13, 11		34, 35 07, 13	01, 32 10
35	适应性	15, 34 01, 16	01, 16 07, 04		15, 29 37, 28	01	27, 34 35	35, 28 06, 37
36	装置的复杂程度	27, 09 26, 24	01, 13	29, 15 28, 37		15, 10 37, 28	15, 01 24	12, 17 28
37	测控的难度	02, 05	12, 26	01, 15	15, 10 37, 28		34, 21	35, 18
38	自动化程度	01, 35 13	27, 04 01, 35	15, 24 10	34, 27 25		05, 12 35, 26	
39	生产率	01, 28 07, 19	01, 32 10, 25	01, 35 28, 37	12, 17 28, 24	35, 18 27, 02	05, 12 35, 26	